Manuel du jeune père

NICK HARPER

Manuel du jeune père

Conseils et astuces de 0 à 1 an
pour être un super-papa

Traduit de l'anglais (Royaume-Uni)
par Marie-Paule Zierski

Illustrations de David Woodroffe et © Shutterstock

Titre original
HELP ! I'M A DAD

Éditeur original
Michael O'Mara Books Limited, Royaume-Uni, en 2014

© Nick Harper, 2014

Pour la traduction française
© Éditions J'ai lu, 2017

SOMMAIRE

Introduction : Bienvenue au club 11

**Chapitre 1 – Cours intensif
sur les fondamentaux** 17

Les douze premiers mois......................... 19
Survivre aux premières vingt-quatre heures 28
Mettre en place « un train-train »............ 31
Créer un lien avec votre bébé................. 35
Le coût d'entretien d'un bébé................. 39
Vêtements et trousseau 43
Le transport... 53

**Chapitre 2 – Master class des tâches
quotidiennes d'un papa qui assure**.......... 67

Le sommeil 69
Tenir et porter un bébé........................... 82
Les pleurs... 88
Maladies et affections 104
L'hygiène (comment laver un bébé)........ 127
Le biberon... 138
Le sevrage 161

Le sac de bébé	169
La gestion des déchets	172
La sécurité	186

Chapitre 3 – La panique immédiate étant passée, quelle est l'étape suivante ? ... 193

S'occuper de la paperasse (1re partie)	195
S'occuper de la paperasse (2e partie)	199
Reprendre le boulot	204
Les solutions de garde	207
Le contrôle des foules	213
Le sexe	217
Questions/réponses	220
Surveillez votre langage	222
Comment être un bon père	225
Les douze mois qui suivent et plus	231
Remerciements	237
Index	239

DÉDICACE

Ce livre n'aurait pu être écrit
sans l'aide de...

M. A. Gudi et le personnel du Centre de Fertilité
de l'hôpital universitaire d'Homerton
à Londres.

Le personnel de SCBU,
l'hôpital universitaire Whipps Cross
de Londres.

Et surtout ma femme,
Sarah Harper,
l'extraordinaire maman de Louis et James.

INTRODUCTION
BIENVENUE AU CLUB

*Bonjour et bienvenue.
Et bien sûr, mes plus sincères félicitations !*

Si vous lisez ces mots, c'est parce que vous êtes sur le point de devenir – ou que vous venez d'être – papa pour la première fois. Ce qui doit vous rendre très fier. Et un peu terrifié aussi – mais surtout très fier.

En tant que jeune papa, vous allez voir votre vie changer à bien des égards, presque toujours pour le meilleur. Votre bébé va donner un autre sens, un but et une nouvelle direction à votre vie. Vous ressentirez un amour inédit que votre cœur ne réserve que pour votre bébé et, soudain, vous aurez l'impression d'être à votre place. Mais pas tout de suite.

Au début, vous n'aurez pas la moindre idée de ce que vous êtes censé faire, car devenir papa pour la première fois est d'autant plus compliqué et déroutant que la courbe d'apprentissage est abrupte.

Par exemple, vous ne saurez pas comment faire pour que votre bébé arrête de pleurer, ni quels vêtements un nouveau-né doit porter, ou encore comment, avec quoi et quand le nourrir. Vous ne saurez pas s'il est normal de le changer cinquante-trois fois dans l'après-midi, si votre bébé doit dormir, et si oui où, quand, et combien de temps. Et, à moins que vous ne soyez médecin ou sage-femme, vous ne saurez probablement pas si cette petite toux que vous entendez pendant la nuit est le premier signe d'une maladie potentiellement mortelle ou s'il ne s'agit que d'une simple petite toux.

Les premiers temps, vous ne saurez presque rien, mais ne vous inquiétez pas, c'est normal et vous n'êtes pas seul.

Il paraît que 255 bébés viennent au monde par minute, soit 4,3 chaque seconde. La plupart de ces bébés naissent de parents qui n'ont pas la moindre idée de ce qu'ils doivent faire. Non pas que ce soient de mauvais parents, mais parce que personne ne sait vraiment ce que l'on doit faire lorsqu'on devient papa (ou maman) pour la première fois.

Il est possible que certains le sachent. Peut-être même que certains tirent profit de leur supposée expertise, et que quelques charlatans – hum – écrivent des livres sur le sujet, comme s'ils détenaient le secret de la paternité (ou de la maternité). Mais c'est faux. Comment pourraient-ils le détenir ?

Chaque nouveau-né est unique et aucun mode d'emploi ne peut prévoir toutes les questions que vous vous poserez durant la première année. Ce qui fonctionne pour un bébé ne fonctionnera pas forcément pour un autre, et vous passerez la plupart du temps à essayer, à vous tromper et à supposer. C'est parfaitement normal.

Je me souviens de ce que j'ai ressenti lorsque je suis devenu papa. J'étais désorienté et terrifié. Surtout désorienté. On nous a remis, à ma femme et moi, nos bébés (oui, au pluriel, des jumeaux) en nous disant de rentrer chez nous, comme tout le monde l'avait fait avant nous, et de nous débrouiller. Le personnel de l'hôpital a été super et bien plus poli que cela, mais, nous occupions le lit d'une future mère, et ils étaient débordés. Il était donc temps que nous partions.

Et c'est ce que nous avons fait, pleins d'angoisse. Nous avons mis 1 heure au lieu des 10 minutes nécessaires pour arriver à la maison, roulant à une allure d'escargot pour éviter tous les ralentisseurs. Lorsque la porte s'est refermée d'un « clac » terrifiant, nous avons compris que c'était à ce moment-là que tout allait commencer et que nous allions être responsables de tout. Nous nous sommes regardés en nous demandant ce que nous étions censés faire. Aucun de nous ne le savait vraiment.

Nous avions assisté à de nombreux cours de préparation à l'accouchement dans les semaines précédant ce jour, chacun conçu pour nous apprendre exactement quoi faire lorsque nos bébés seraient arrivés. Mais aucun ne peut vraiment vous préparer au moment où vous regardez un minuscule petit bébé, dont la vie dépend entièrement de vous et de votre compagne. C'est le sentiment le plus étrange que vous vivrez jamais, à mi-chemin entre la terreur et l'émerveillement.

Ne sachant que faire avec un *vrai* bébé, et non plus avec jouet en plastique abîmé qui passait de main en main pendant les cours, ma femme et moi avons décidé que la meilleure chose que nous pouvions faire était de nous asseoir, de prendre une bonne tasse de thé et de voir comment les choses allaient s'enchaîner.

En fait, c'est à peu près tout ce que vous pouvez faire. Pourtant, ce livre a été écrit pour tenter de donner un sens à une situation très déroutante et souvent compliquée, notamment du point de vue d'un jeune papa. Son seul but est d'aider les jeunes pères à comprendre un peu ce qui se passe et ce qui les attend, et de répondre à une partie des questions qu'ils se posent les premières semaines et les premiers mois.

Il ne couvre que les douze premiers mois de la vie de votre bébé, car lorsque vous atteindrez la deuxième année, vous aurez une meilleure idée de ce que vous êtes censé faire.

Ce livre ne prétend pas donner toutes les réponses à toutes les questions que vous vous poserez au fur et à mesure que votre bébé grandira, car cela discréditerait ce que j'ai écrit sur les bébés en tant qu'êtres uniques. Il a simplement pour objectif d'offrir le plus de conseils utiles possible sur les défis auxquels vous serez confronté, et de vous sentir ainsi juste un peu moins perdu et dérouté.

Si vous êtes aussi désemparé que je l'étais au début, vous avez un long chemin à parcourir et beaucoup à apprendre, donc nous allons sans doute bien nous entendre. Mais faisons d'abord chauffer l'eau pour le thé, nous avons le temps pour le reste.

Avertissement

Comme dit précédemment, ce livre est écrit par un papa, et non par un médecin, une infirmière, une sage-femme ou une puéricultrice. Tous les conseils sont aussi précis qu'une recherche rigoureuse et une infatigable vérification des faits le permettent, mais en cas de doute à propos de quoi que ce soit, à tout moment, consultez un expert qualifié. Élever un bébé est un sujet très sérieux et sa sécurité ne doit être mise en danger en aucun cas.

Chapitre 1

COURS INTENSIF SUR LES FONDAMENTAUX

LES DOUZE PREMIERS MOIS

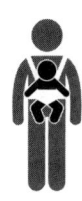

*Avant de commencer pour de vrai,
un aperçu des défis à relever…*

Donc, tandis que vous buvez votre thé et attendez que votre bébé se réveille et que les premiers visiteurs arrivent avec leurs jouets en peluche et, espérons-le, une bonne bouteille de champagne, vous vous demandez probablement ce qui va se passer ensuite. Je dirais que votre bébé va se réveiller et commencer à pleurer, boire du lait, faire un gros caca et se rendormir. Je ne suis pas expert, mais je vous le garantis.

Mais que se passe-t-il ensuite ? Comment tout cela va-t-il se dérouler ?

Eh bien, malheureusement, aucun bébé ne ressemble à un autre, donc personne ne peut l'affirmer, mais certains moments marquants surviendront au cours de la première année de la vie de votre bébé. Moments que vous, parents fiers, serez en mesure de cocher avec enthousiasme.

Attendez-vous à vivre quelque chose de ce style :

LE PREMIER MOIS

À un moment donné, entre 1 et 4 semaines, il établira un contact visuel et vous suivra des yeux lorsque vous vous déplacerez devant lui. Il pourrait essayer d'imiter vos mimiques, mais ne vous attendez pas à ce qu'il sourie ou rie – non pas que vous ne soyez pas drôle, mais il est tout simplement incapable de le faire. Il devrait dormir environ 16 heures par jour, faire jusqu'à 4 siestes – un peu comme vous avant son arrivée. (Remarque : je dis « il », mais votre bébé pourrait bien être une « elle ». Je ne souhaite bien entendu blesser aucun papa, mais j'utiliserai « il » par commodité.)

LE DEUXIÈME MOIS

Entre 4 et 2 semaines, souvent autour de 6 semaines, il va commencer à sourire, à rire et à montrer davantage de signes de reconnaissance. Sachez cependant qu'un bébé qui sourit a souvent simplement des gaz – peut-être trouve-t-il que vos blagues ne sont pas drôles.

Ils sont passés par là… (et ont survécu !)

Attendez un peu de le voir sourire pour la première fois

Tous les parents qui l'ont vécu vous diront de « profiter de chaque instant ». Mais ils vous le diront avec un recul salvateur, leur bébé ayant grandi et la vie n'étant plus aussi déroutante. La vérité, c'est que vous ne pourrez pas profiter de chaque instant, mais qu'il ne faudra pas vous sentir coupable.

Il y aura de longues nuits blanches, pendant lesquelles vous verrez défiler des heures que vous n'aviez plus connues depuis l'époque où vous faisiez la fête. Il y aura des cacas que même les couches (et les vêtements les plus résistants) ne pourront contenir – et « c'est ton tour » deviendra un cri très familier. Il y aura du vomi, d'innombrables repas qui auront refroidi, des programmes de télévision interrompus, des nuits de repos annulées, des amis que vous ne verrez plus, une maison qui ne sera plus ni propre ni bien rangée et une opération de type commando chaque fois que vous voudrez aller au supermarché.

Et au cours de ces premiers jours, vous serez terrifié. Pour chaque cri, chaque toux, chaque éternuement, une légère température, une éruption cutanée, une bosse ou une marque, vous fouillerez Internet ou appellerez le médecin. Mais lorsque votre petit vous sourira, rira,

> prendra votre doigt, s'assiéra et vous appellera papa pour la première fois, vous comprendrez pourquoi les parents peuvent oublier tout le reste. Profitez de chaque instant !
>
> ROB J., PAPA D'ISABELLA ET JESSICA

LE TROISIÈME MOIS

Quelque part entre 3 et 5 mois, il va commencer à tendre la main et à explorer les objets, c'est-à-dire des choses amusantes comme son jouet qui pendouille, mais aussi tout ce qui se trouve près de lui, comme par exemple des tasses de café bouillant sur des tables vraiment basses. Vérifiez que toutes les bouteilles d'acide sulfurique sont placées sur des plans de travail en hauteur, hors de sa portée. Votre bébé devrait également sourire spontanément et avec une grande régularité, et commencer à « babiller » – en faisant beaucoup de « ooh » et de « aah », ce qui vous fera faire à votre tour beaucoup de « ooh » et de « aah ».

LE QUATRIÈME MOIS

Aux environs du 4e mois, votre bébé sera probablement capable de rouler pour passer du ventre sur le dos – position dans laquelle il peut souvent rester coincé. Cette mobilité est très impressionnante, mais cela le met également en danger lorsqu'il se trouve sur le lit ou sur une table à langer. À ce stade, il faut donc passer à un niveau d'alerte supérieur. Il se peut qu'il rie fort (à vos blagues bien sûr). Il dormira alors 14 à 15 heures par jour, avec 2 à 3 siestes dans la journée.

LE CINQUIÈME MOIS

Entre 4 et 6 mois, votre bébé devrait commencer à manger des aliments solides. En effet, à cet âge, il mangera tout ce qu'il peut attraper avec ses mains car il devient curieux et explore les goûts et les textures de tout et n'importe quoi, y compris la poussière des tapis et les longs vers de terre. Il devrait aussi baver davantage et hurler de joie.

LE SIXIÈME MOIS

À partir de ce stade, votre bébé essaie d'imiter les bruits qu'il entend, comme la comptine que vous lui chantez et qu'il peut désormais fredonner lui aussi – d'une certaine manière. Il est aussi capable de ramasser les objets. Et même si je ne peux absolument pas le garantir, pour de nombreux parents, le sommeil s'améliore nettement (lorsque vous y serez, vous comprendrez).

LE SEPTIÈME MOIS

Entre 6 et 9 mois, il est possible que les premières dents de lait de votre bébé poussent – en d'autres termes, il fera ses dents, ce qui peut entraîner une augmentation des pleurs. Malheureusement pour vous et votre bébé, l'ensemble complet de ses premières dents peut mettre jusqu'à 24 mois à percer… Alors attendez-vous à quelques turbulences.

LE HUITIÈME MOIS

Votre bébé peut s'asseoir sans aide. Il va aussi rapidement passer de la position assise au stade rampant ou à celui de « je me traîne sur mon derrière », avant de se hisser sur ses jambes et de s'accrocher au buffet. C'est ici que débute la période où il va explorer tous les recoins dangereux de votre maison, à arracher le fer à repasser et à se cramponner à la bibliothèque, un sourire angélique sur le visage. Passez en alerte rouge. Il va moins dormir : 14 heures par jour, dont une sieste le matin et/ou une sieste l'après-midi.

LE NEUVIÈME MOIS

À présent, votre bébé est peut-être passé de la nourriture écrasée et des purées à une nourriture solide et authentique qu'il voudra absolument prendre lui-même. C'est un peu précoce, mais pas rare pour la plupart des bébés de cet âge.

LE DIXIÈME MOIS

À cette période, un bébé vraiment en avance effectuera ses premiers pas, vacillant, hésitant et tombant souvent sur les fesses, en se faisant une bosse et en affichant un air perplexe. La plupart des bébés font leurs premiers pas entre 11 et 14 mois, et quand cela se produit, vous vous sentirez particulièrement fier.

LE ONZIÈME MOIS

Votre bébé devrait désormais être capable de serrer parfaitement un objet dans ses mains, ce qui lui permettra d'attraper la nourriture avec ses doigts beaucoup plus facilement. Il dort encore 14 heures par jour, mais ses deux siestes quotidiennes raccourcissent sensiblement.

LE DOUZIÈME MOIS

Votre bébé est maintenant en mesure de répondre à son prénom et de dire ses premiers mots. Ce sont généralement « maman » et « papa », ce qui est très banal mais qui fait toujours bondir votre cœur lorsque vous l'entendez. Il est maintenant probablement capable de se tenir debout sans support, de (mal) danser et d'utiliser une cuillère, mais probablement pas les trois en même temps.

La concurrence entre parents

Rappelez-vous, je vous prie, que ces étapes – et le moment où elles surviennent – ne sont que de simples repères; elles peuvent naturellement se produire plus tôt ou plus tard, voire même dans le désordre, dans le développement d'un enfant. Si vous rencontrez un papa ou une maman qui vous dit que son bébé fait ses nuits et mange des aliments solides à table avec un couteau et une fourchette à 6 semaines, essayez de ne pas rire de cette surenchère ridicule. Tous les bébés se développent à leur propre rythme et ce qu'ils peuvent faire à 6 mois a généralement peu d'incidence sur ce qu'ils accomplissent plus tard dans la vie. Ne soyez pas un de ces parents orgueilleux, et parlez à un professionnel de santé si vous êtes inquiet.

Ils sont passés par là… (et ont survécu !)
Bénissez le ciel que ce ne soit pas des jumeaux (sauf si c'en est, bien sûr)

Si vous avez eu des jumeaux, vous voilà sur la ligne de front. Vous connaissez ces matins où vous êtes grincheux parce que votre bébé n'a dormi que la moitié de la nuit ? Eh bien, les papas de jumeaux n'ont pas dormi la moitié de la nuit avec un enfant, ni l'autre moitié avec le deuxième.

Les jumeaux deviennent ensuite des bambins, et les ennuis commencent vraiment. Vous voyez le sketch où Junior rampe dans une direction arbitraire et dangereuse ? Imaginez-le avec des jumeaux quand, en plus, ils vont dans des directions opposées. Dois-je sauver celui qui va vers la mare aux canards ou celui qui fonce vers la route ?

Leurs jouets deviennent des armes et les bobos ne sont jamais loin. Cela vire rapidement personnel et curieusement privé : ils se donnent des coups de poing, puis se font des câlins, vous laissant perplexe quant à la posture à adopter.

Mais il y a des avantages aux naissances multiples : on vous félicite, et votre rôle concret crée un véritable lien avec vos bébés. De plus, avoir des jumeaux signifie que vous avez rempli votre part pour peupler la planète et que donc vous n'êtes plus obligé de repasser par tout cela !

GARY P., PAPA DE NATALIE ET ELLA

SURVIVRE AUX PREMIÈRES VINGT-QUATRE HEURES

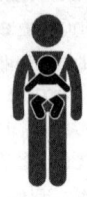

*Ces heures pourraient bien être
les plus longues et les plus angoissantes
de votre vie...*

Les premières vingt-quatre heures sont de loin les plus difficiles pour les jeunes parents, tout simplement parce que l'on est saisi par la peur de l'inconnu. Lorsque vous êtes assis là, en train de regarder votre bébé dormir (très probablement) dans son siège ou dans son couffin, vous n'êtes pas sûr de ce que vous devez faire ou ne pas faire. Et comment voudriez-vous l'être ? Vous n'avez jamais connu cette situation auparavant.

Je dirais que plutôt que de lire le journal, d'actualiser votre statut sur les réseaux sociaux ou d'allumer la PlayStation et de tirer sur des trucs, faites comme si vous étiez occupé, comme un clin d'œil au fait que vous savez qu'un orage approche. Remettez les choses en ordre. Assurez-vous que tout est à sa place. Continuez à regarder votre montre sans aucune raison apparente. Et pendant que vous faites tout cela, rappelez-vous que ce qui va se passer dès que votre bébé se réveillera ne sera pas réellement aussi difficile à gérer que ce que vous craignez, pour la simple raison qu'à cet âge, les bébés sont des êtres très simples, pas compliqués.

Comme nous le verrons de manière plus profonde tout au long de ce livre, tout ce que les nouveau-nés ont besoin de faire au cours des premières semaines, c'est de dormir, de manger, de faire caca et de pleurer. Dormir et manger et faire caca et pleurer. Dormir et manger et… En boucle, apparemment à l'infini.

Votre travail au cours de ces premières vingt-quatre heures, et après, est simplement d'être là pour assurer tout ce qui doit être fait. Une sage-femme nous a gentiment dit, à ma femme et à moi, que notre boulot, lorsque nos bébés sont arrivés à la maison, consistait « juste à les garder en vie ». J'ai dit gentiment ? Je voulais dire de manière terrifiante. Mais elle avait raison, c'est tout ce que vous avez à faire, et le travail commence ici, au cours de ces premières vingt-quatre heures.

Prenez ce moment simplement comme une chance de retomber sur vos pieds, de comprendre quel objet sert à quoi et comment il fonctionne.

Dès que vous aurez tourné cette page, il vous faudra réfléchir à la façon de mettre en place un « train-train » de la plus grande importance avec votre bébé, une routine pour vivre plus heureux. Mais ce n'est pas pour tout de suite. Au cours de ces premières vingt-quatre heures, il s'agit juste de survivre. Fermez les rideaux, décrochez le téléphone et ne prenez pas la peine de répondre à la porte. Faites le point et concentrez-vous uniquement sur l'objectif et sur la manière de s'en sortir.

METTRE EN PLACE « UN TRAIN-TRAIN »

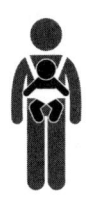

Le secret pour que votre enfant soit heureux et en bonne santé (à ce qu'il paraît)…

De nombreux spécialistes parlent de la nécessité d'établir « un train-train » dès que possible, c'est-à-dire de trouver pour votre bébé un rituel d'alimentation et de sommeil qui devient vite régulier et constant. Tout le reste découle de ce rituel – que ce soient les changements de couche, l'interaction avec bébé ou votre nouvelle vie. Si vous mettez en place un système qui fonctionne, votre bébé fera ses nuits très vite, aura une alimentation de rêve et deviendra grand, fort et intelligent. En théorie.

Ne pas réussir à fixer des règles peut avoir des conséquences désastreuses – votre bébé va hurler toutes les nuits et dormir toute la journée, refusera de manger et échouera à tous ses examens, et ce sera entièrement de votre faute. En théorie.

Il existe plusieurs manières de constituer un « train-train », mais ce qui semble fonctionner très bien pour beaucoup, consiste à se rappeler une très basique : votre nouveau-né a besoin de manger toutes les 3 à 4 heures. Certains bébés ont plus d'appétit que d'autres, mais cette règle vaut pour la plupart. Et si vous vous en tenez à ce principe, tout le reste en découlera.

Plutôt que de considérer qu'une journée fait 24 heures, avec le jour et la nuit, vous pouvez désormais la diviser en une série de repas – par exemple, 10 heures, 14 heures, 18 heures, 2 heures, 6 heures, et ainsi de suite pour faire le tour du cadran.

Si vous lui donnez à manger à peu près à ces heures, que vous lui changez sa couche et assurez un service d'hygiène complet après chaque repas (comme c'est le cas lorsque les bébés décident de libérer leurs intestins comme par hasard), votre bébé est susceptible de se rendormir jusqu'à sa prochaine tétée. Car comme vous le verrez au cours des premières semaines, un bébé ne fait guère autre chose que dormir, manger et salir sa couche.

Et là, comme par magie, vous avez établi les règles, du moins une. Elle ne fonctionne pas toujours comme sur des roulettes et parfois votre bébé voudra manger plus mais, en général, ce rythme des « 10 heures – 14 heures – 18 heures » est tout à fait sensé et semble fonctionner pour de nombreux jeunes parents.

Votre bébé sera heureux avec une routine, et vous – parents – serez en mesure de faire des choses comme du rangement, acheter des couches et engloutir vite fait un sandwich sans reconnaître son goût. Ce qui est rassurant, c'est que la plupart des parents trouvent que les choses deviennent plus faciles après 3 mois. Il y a donc de l'espoir…

Papa multitâches

Juste un petit mot sur un sujet d'une importance vitale : vous rendre utile. Si vous n'y mettez pas déjà du vôtre à la maison, une fois que votre bébé sera là et se sera installé, il faudra absolument vous y mettre. En effet, même si vous êtes d'ores et déjà bricoleur et serviable, lorsque Junior arrivera, il vous faudra vraiment mettre la main à la pâte.

Cela signifie que vous devrez participer à laver le linge, faire la vaisselle, les courses, la cuisine, sécher le linge, ranger les vêtements secs, payer les factures, effectuer toutes les corvées qui doivent être faites et garder la maison en ordre. Bref, tout ce que la jeune maman faisait peut-être seule jusque-là.

À vrai dire, vous devez faire tout ce que vous auriez dû faire avant l'arrivée de votre bébé, et bien plus encore. Observez une règle simple : « Il y a toujours quelque chose à faire », et ne changez jamais de pièce sans quelque chose à la main. En effet, une fois que vous aurez un bébé, tout sera toujours au mauvais endroit.

Cependant, le plus important dans tout ça est de s'assurer de faire ce qu'il faut faire *sans qu'on vous demande de le faire*. Cela fait toute la différence.

CRÉER UN LIEN AVEC VOTRE BÉBÉ

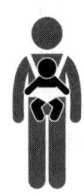

*Comment nouer un lien fort
avec votre nouveau-né...*

De l'avis général, la meilleure façon, et la plus simple, de créer un lien intime avec votre bébé est de lui donner le lait dont il a besoin, car cela vous permet d'établir un contact visuel et de gazouiller avec lui.

Malheureusement pour vous, si votre compagne donne régulièrement le sein, votre travail sera limité car vous ne disposez pas du bon « équipement » pour allaiter. Observer la maman et son bébé dans une harmonie si évidente peut vous donner l'impression d'être inutile et délaissé. Pourtant, étant donné les bienfaits du lait maternel, on ne peut pas se plaindre.

Par ailleurs, il existe d'autres façons vraiment chouettes pour vous aider à établir le lien essentiel entre un papa et son bébé. Je pense aux six exemples suivants :

1. CHANGER LES COUCHES

Une suggestion évidente, même si cette tâche essentielle est destinée aux hommes qui n'ont pas peur de mettre les mains dans le cambouis.

2. PRÉVENIR ET SOULAGER LES COLIQUES

Si votre compagne nourrit votre enfant, de votre côté vous pouvez l'aider à évacuer les poches d'air douloureuses quand c'est nécessaire.

3. BERCER VOTRE BÉBÉ POUR L'ENDORMIR

Une fois que le bébé a mangé et a fait son rot, il vous reste un rôle essentiel à jouer. L'arôme âcre du lait que toutes les mamans dégagent peut stimuler un bébé, même s'il vient juste d'être nourri et qu'il a le ventre plein, l'empêchant de trouver le sommeil. Vous, en revanche, ne dégagez qu'une odeur de mâle et êtes donc bien placé pour bercer très doucement votre bébé pour l'endormir (j'ai bien dit très doucement car il est plein de lait).

4. PARLER À VOTRE BÉBÉ

Soit en lui lisant des livres ou tout simplement en lui parlant de choses et d'autres (qui n'attendent pas de réponses bien sûr). Votre bébé ne comprendra pas un traître mot jusqu'à l'âge de 6 mois, mais lui parler doucement l'aidera à reconnaître votre voix. Montrez-lui des choses simples dans les livres ou dans la pièce, vous l'aiderez aussi à développer son vocabulaire.

5. JOUER

La plupart des hommes étant eux-mêmes de grands gamins, ils jouent très facilement. Dans les années à venir, il pourra s'agir de faire le gardien de but ou de trimballer votre gosse sur votre dos comme un cheval ou un âne essoufflé. Pour l'instant, cela consiste plus probablement à agiter un éléphant bariolé, muni de miroirs aux oreilles et projetant des reflets surréalistes. Ce « jeu de lumières » contribue au développement de votre bébé et est un moyen très facile de créer des liens.

6. LUI DONNER LE BIBERON

Il y aura des moments où votre bébé ne pourra pas être nourri au sein. Vous pourrez alors lui donner un biberon de lait maternel, ou infantile si la maman ne tire pas son lait. De toute façon, cela arrivera un jour, donc soyez patient, votre heure viendra.

LE COÛT D'ENTRETIEN D'UN BÉBÉ

*N'y allons pas par quatre chemins :
élever un bébé revient cher…*

Selon un récent rapport, le coût pour élever votre enfant jusqu'à ce qu'il atteigne l'âge de vingt et un ans s'élève à près de 255 000 €. Vous pensez probablement qu'il y a un zéro de trop et qu'il faut lire 25 500 €. Mais non. Et la note est si salée qu'elle pourrait pousser un père à boire, si seulement il pouvait encore se le permettre.

Et bien sûr, si vous avez des jumeaux ou un autre bébé, comme c'est le cas de beaucoup de gens, la facture grimpera évidemment d'autant plus, surtout si l'on tient compte de l'inflation.

Si l'on décompose cette somme, on parle de 12 000 € par an pour un seul enfant ou de 1 000 € par mois, c'est-à-dire 33 € par jour, tous les jours, jusqu'à ce qu'il ait 21 ans et décroche un emploi, s'il reste toutefois des emplois à décrocher. Et s'il n'y en a pas, alors attendez-vous à bien plus de 255 000 €, mais nous aurons l'occasion de nous en inquiéter plus tard.

Alors, même si ces chiffres ont été émis par quelqu'un qui travaille au département des pires scénarios, chargé de « mettre absolument tout sur la liste et nous verrons bien ce qui arrive », il est indéniable que l'entretien d'une petite personne se révèle une entreprise coûteuse, en particulier durant sa première année où il vous faudra acheter toutes sortes de choses afin de l'accueillir pour les années à venir.

Au fur et à mesure de votre lecture, vous rencontrerez un certain nombre de suggestions pour le kit de base dont vous aurez besoin – des couches et de la crème pour les fesses, jusqu'aux plus gros engins tels que les poussettes et les lits. Ils sont tous entièrement facultatifs, parce qu'il n'y a vraiment pas de bonne ou de mauvaise façon de faire, mais ils procurent une sorte de confort.

Ce qui est probablement le plus important à dire, c'est que vous n'êtes pas obligé d'acheter tout ce pour quoi on vous met la pression en pensant que vous en avez besoin. Vendre des produits inutiles aux parents paniqués est un secteur en pleine expansion, mais la première année, le trop est l'ennemi du bien. À mon avis, vous aurez seulement besoin des essentiels qui parsèment ce livre.

LES TRUCS DONT VOUS N'AUREZ PROBABLEMENT PAS BESOIN

Les produits pour bébés vous permettent de jeter votre argent par les fenêtres de mille et une façons – tapez « pot pour bébé avec support iPad », « alarme de caca » et « lait en poudre goût bacon » dans Google et émerveillez-vous devant l'absurdité de leurs prétendus avantages pour votre bébé.

Ce sont bien sûr les exemples les plus extrêmes, mais le marché des produits pour bébés est inondé de trucs censés vous faciliter la vie et rendre votre bébé plus heureux, alors que ce ne sera probablement pas le cas.

Selon une enquête récente menée par une organisation de consommateurs ayant pignon sur rue, les dix produits suivants sont tout à fait inutiles et peuvent être rayés de la liste d'achats de tous les parents.

1. **Écharpe de portage** pour envelopper votre bébé et le pendre à votre poitrine.
2. **Range-couches** pour que les couches restent bien rangées.
3. **Bassine de lavage à 2 compartiments** pour laver la tête et les fesses de bébé.
4. **Poubelle à couches** pour jeter les couches sales.

5. **Siège Bumbo**, siège en plastique conçu pour aider le bébé à se tenir assis seul.
6. **Harnais sauteur**, bidule qui permet d'accrocher votre bébé dans l'encadrement de la porte afin qu'il puisse sauter.
7. **Porte-bébé**, alternative plus évoluée à l'écharpe.
8. **Planche à roulettes pour poussette** si vous avez un autre enfant et que celui-ci ne veut pas marcher.
9. **Veilleuse**, lumière pour la nuit qui apprend aux enfants à avoir peur du noir.
10. **Harnais** afin que votre enfant se prenne pour un chien.

Vous trouverez peut-être que certains de ces produits sont bien pour vous, mais le message est simple : ne vous faites pas avoir en paniquant si vous n'achetez pas tout. Un nouveau-né a besoin de beaucoup, oui, mais de beaucoup moins que ce que vous imaginez.

VÊTEMENTS ET TROUSSEAU

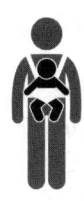

*Lorsque vous élevez un bébé,
certaines choses sont vraiment indispensables…*

Le chapitre précédent a traité de ce que vous n'avez vraiment pas besoin d'acheter en tant que nouveaux parents. Ce chapitre énumère, au contraire, les choses essentielles dont vous aurez absolument besoin. Commençons donc par les vêtements de votre bébé.

LES VÊTEMENTS DE BÉBÉ

Même s'il se peut que vous vouliez habiller votre bébé avec un tutu rose et des ailes d'ange ou un trois-pièces en tweed pour souligner sa personnalité, tout ce dont a besoin un bébé au cours des premières semaines consiste en une garde-robe de base constituée de quelques éléments assez simples. Dans un premier temps, mieux vaut miser sur la fonctionnalité que sur le superflu.

Lorsque votre bébé grandira, vous aurez évidemment besoin de compléter sa garde-robe (voir page 45), mais dès le premier jour, voici ce dont vous aurez vraiment et uniquement besoin :

- **6 babygros** (ou grenouillères) pour le jour et la nuit. Grâce à leurs boutons pressions placés à des endroits stratégiques, on peut les enfiler et les retirer rapidement et facilement.
- **6 paires de chaussettes** à mettre la nuit s'il fait froid ou pour sortir en balade. Les chaussettes se perdant facilement, n'hésitez pas à en acheter plus.
- **4 à 6 bodies.** Tenant chaud lorsqu'il fait froid ou pouvant se porter seuls lorsqu'il fait chaud, ils offrent une protection supplémentaire lorsque les couches fuient. C'est ce qui est génial avec les bodies.
- **2 cardigans** (ou gilets), de préférence légers, afin de pouvoir superposer les couches de vêtements pour atteindre la bonne température.
- **Une couverture** pour envelopper votre bébé et le garder bien au chaud… Vous voyez ce que je veux dire ?

- **Un bonnet en laine ou en coton**, de petits gants et une paire de chaussons s'il fait froid.
- **Plusieurs paires de moufles en coton** pour éviter que votre bébé ne se griffe le visage en bougeant les mains dans son sommeil.
- **Un manteau d'hiver** ou un manteau plus léger mais suffisamment chaud.
- **Et un chapeau de soleil** pour sortir… en cas de soleil !

LES VÊTEMENTS POUR L'ÉTAPE SUIVANTE

Au bout de quelques semaines, vous arrêterez sans doute d'habiller votre bébé en pyjama et commencerez à lui mettre des vêtements à proprement parler, même si la taille est minuscule.

Sauf si vous n'avez aucun ami sur terre, ou aucun ami ayant déjà eu un bébé, de nombreux vêtements de l'étape suivante vous seront donnés par les parents qui sont déjà passés par là et dont les bébés sont presque instantanément passé à la taille suivante.

Il est tout à fait possible de n'avoir à acheter aucun vêtement de la prochaine étape car vous en aurez reçu plus que nécessaire pour vous débrouiller. Et quand votre bébé grandira, comme les bébés qui sont nés avant lui continuent de grandir aussi, les vêtements continueront à arriver.

Bien sûr, vous pourriez jouer les snobs et ne pas utiliser de tenues d'occasion, mais votre bébé grandira si vite qu'acheter un polo Lacoste ou des bottes Ugg fourrées qui deviendront trop petites du jour au lendemain pourra vite se révéler être du gaspillage.

Fait étrange et intéressant, on dit que si votre bébé continuait de grandir au même rythme que pendant sa première année, à 18 ans il atteindrait le premier étage de la tour Eiffel – qui s'élève à 57 mètres. Cette statistique illustre bien la vitesse à laquelle votre bébé grandit. Je vous suggère de consacrer l'argent que vous dépensez aux habits inutiles à quelque chose d'intéressant – des vacances, par exemple, ou une voiture plus grande.

Ceci dit, votre façon d'habiller votre bébé est tout à fait personnelle, et je ne peux vous donner de conseils sur ce qu'il faut acheter, sauf à vous dire que deux ou trois tenues d'apparat pour faire défiler le bébé devant vos amis, parents et autres chefs d'État peuvent suffire.

Il vaut mieux acheter peu mais souvent, et garder les étiquettes et tickets de caisse pour tous les vêtements jusqu'à leur utilisation, au cas où il faudrait les échanger.

Enfin, laissez-vous guider par les saisons – n'achetez pas un manteau polaire à votre bébé pour dans six mois si, dans six mois, ce sera le milieu de l'été. Ou vice-versa.

COUFFIN

Un couffin est un petit lit qui ressemble à un panier léger dans lequel votre nouveau-né peut dormir. Dans un premier temps, c'est mieux et plus petit qu'un berceau car vous pouvez le transporter dans toute la maison, et il est parfait pour les trois ou quatre premiers mois de la vie de votre bébé. Les modèles plus chers comprennent un joli support en bois sur lequel poser le panier, comme un présentoir. Ce n'est pas nécessaire, votre bébé se moque d'être placé sur un support ou d'être au sol. En revanche, vérifiez bien qu'il possède deux grosses poignées qui vous permettront de transporter votre chérubin endormi d'un point A à un point B, dans l'idéal sans le réveiller.

COUVERTURE D'EMMAILLOTAGE

Cette couverture pratique maintient bébé au moment de s'endormir, lui donnant l'impression d'être à l'intérieur de l'utérus, ce qui lui procure un meilleur sommeil – et donc à vous aussi. Certaines exigent un pliage minutieux, tandis que d'autres ont été conçues pour que même les gros doigts d'un papa parviennent à envelopper le bébé presque sans effort. Elles sont entièrement facultatives et sont uniquement valables le premier mois de votre bébé, mais à votre place, il est sûr que j'en utiliserais une.

LIT POUR BÉBÉ

Lorsque le bébé devient trop grand pour le couffin, vous aurez besoin d'un lit adapté. Cependant, anticipez l'avenir au moment d'en choisir un. Optez pour un lit possédant un côté amovible et dont les panneaux sont évolutifs. Il est également bien utile d'envisager une base réglable en hauteur et des côtés abaissables afin de faciliter l'accès pour quand votre bébé grandira. Une barre de dentition lorsque votre bébé veut mâcher quelque chose sans abîmer son lit ou ses gencives est aussi un bon complément, mais pas indispensable. Et sachez que les coussins antichocs conçus pour que le bébé reste assis dans son lit et pour l'empêcher de se coincer les bras dans les barreaux ont été interdits aux États-Unis car ils constituent un danger pour votre bébé. Je dis ça pour que vous l'ayez à l'esprit, c'est tout.

LIT PARAPLUIE

Une pièce essentielle de votre kit pour les moments où toute la famille réussit enfin à s'échapper des quatre murs de la maison. Il s'agit d'un lit intelligemment conçu dont le fonctionnement repose sur une série de manivelles et de poulies qui, lorsqu'on les active, permettent de former un lit de bébé en quelques secondes. Lorsque vous voulez plier bagage, il suffit d'appuyer sur le même bouton et d'admirer le lit se démonter de façon ingénieuse et contrôlée puis de le ranger dans son sac. Facile à transporter, il est aussi assez petit pour se loger dans le coffre de votre voiture. En vrai, vous mettrez beaucoup plus longtemps que ne le promet le carton d'emballage à comprendre et réussir à installer ce lit de manière stable. Aussi, ça vaut le coup de l'essayer avant de l'acheter.

BABYPHONE

La version de Big Brother pour bébés. Cette sorte de talkie-walkie a deux morceaux. Une moitié se trouve à proximité du lit de bébé, l'autre reste près de vous, vous permettant d'écouter les gazouillis du bébé et de vous assurer de son confort depuis une autre pièce. Dès les premiers cris, vous pouvez monter l'escalier quatre à quatre (en supposant que vous ayez un escalier) pour voler au secours de votre bébé – sauf si vous regardez la télévision et que le moment est crucial, auquel cas Junior attendra. Sérieusement, laisser votre bébé pleurer « un peu » ne fera pas de vous un mauvais papa. Par « un peu », nous voulons dire quelques minutes, et pas une heure et demie. En outre, certains babyphones plus chers disposent de caméras vous permettant de regarder votre bébé plutôt que la télévision, s'il n'y a rien d'intéressant ou si vous êtes vraiment, vraiment paranoïaque.

JOUETS

Lors des rares occasions où votre bébé ne dort pas ou ne mange pas, il vous réclamera presque certainement de le distraire. C'est là qu'intervient le rôle des jouets, et que l'on découvre qu'il existe une frontière très ténue entre un morceau de plastique trop cher et un outil essentiel pour une première expérience d'apprentissage de votre bébé.

Comme dans le monde extérieur tout est nouveau et excitant pour un petit bébé, vous remarquerez qu'il sera vite obsédé par tout ce qu'il peut tirer et pousser, froisser et presser. Tout tourne autour de la surcharge sensorielle au cours de la première année, et votre bébé sera attiré par les jouets lumineux qui bougent et les choses qui font du bruit, ce qui explique pourquoi les mobiles accrochés au-dessus des lits et jouant des comptines ne seront jamais démodés.

Durant les premières semaines, la vue de votre bébé est son sens le moins développé, car il ne voit qu'à environ 25 centimètres. Comme il ne peut rien attraper tout seul, il prend beaucoup de plaisir à vous voir tenir un jouet lumineux qui crisse ou qui couine près de son visage. Les sons stimulent son cerveau tandis que les couleurs vives et contrastées l'aident à découvrir les formes et les motifs.

Vous pouvez aussi ajouter un petit miroir – pour observer, amusé, votre bébé quand il voit son reflet pour la première fois.

Vers 3 mois environ, lorsqu'il veut à tout prix tout attraper, les jouets tactiles et les livres en tissu deviennent de plus en plus utiles pour stimuler son esprit curieux. Les portiques pour bébé, les tableaux d'activités et les arches d'éveil constellées de jouets suspendus que l'on peut pousser et toucher peuvent occuper votre bébé pendant des heures, tout en l'aidant à mieux attraper et vous permettre de profiter d'un bref moment de calme.

Mais à vrai dire, en ce qui concerne les jouets, votre bébé sera probablement aussi heureux avec un bout de papier aluminium qui crisse ou un paquet de lingettes vide qu'avec un jouet coûteux réalisé à la main par un artisan dans un atelier du Jura. D'autant plus que, à partir de 4 mois, tous les bébés sont obsédés par la découverte de leurs mains et de leurs pieds.

Mais, étant donné que le jeu fait partie du développement physique et mental d'un bébé, il est probablement intéressant d'investir dans des jouets spécifiquement conçus pour stimuler et éduquer, juste au cas où cela pourrait l'aider à devenir plus tard un génie.

Quoi que vous puissiez acheter, ce sera dicté par le budget et, de toute évidence, vous aurez le choix. Vérifiez simplement la sécurité du jouet, qu'il ne comporte pas d'arêtes tranchantes ou de petites pièces qui se détachent, ni de chaînes qui peuvent se coincer autour du cou ou des doigts de votre bébé pendant que vous ne feriez pas attention.

LE TRANSPORT

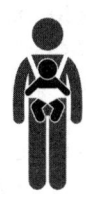

*Comment transporter en toute sécurité
votre bébé d'un point A à un point B
– et revenir...*

Vous passerez probablement les premiers jours de votre nouvelle vie de papa (et de maman, et de nouvelle famille) à fixer les quatre murs de votre maison en essayant de donner un sens à tout cela et de garder le contrôle. Mais vous ne tarderez probablement pas à vouloir vous aventurer à l'extérieur avec toute la famille, ne serait-ce que pour faire le plein de vitamine D.

Vous aurez probablement besoin d'aller acheter des couches, à moins que vous ne souhaitiez tout simplement présenter votre bébé à la famille, aux amis ou à des vieilles dames au hasard dans la rue. (En passant, il faut savoir que si vous décidez de sortir, cela prendra deux fois plus longtemps que si vous n'aviez pas pris le bébé. Ma femme ne pouvait faire dix pas dans notre rue sans que des retraités se dandinent pour « jeter un petit coup d'œil » à deux bébés endormis. Une mémorable vieille dame qui les regardait dit à ma femme : « Ooooh, ma pauvre, vous avez du pain sur la planche ! » avant de se dandiner de nouveau. Et même si cela s'est révélé exact, on n'a pas besoin d'entendre ça dès le troisième jour.)

Selon votre mode de transport – à pied, dans votre propre voiture ou en transports en commun – vous aurez besoin du matériel le plus approprié. Et dans un marché surchargé de produits, vous devrez faire des choix judicieux et savoir quel objet sert à quoi.

À PIED : PORTE-BÉBÉ OU ÉCHARPE

Pour les parents qui marchent beaucoup, le porte-bébé et l'écharpe font le même job. Le porte-bébé est un sac en tissu qui s'adapte sur votre poitrine, avec des bretelles réglables pour maintenir votre bébé en toute sécurité. Il peut être face à votre poitrine s'il dort ou de dos s'il est éveillé afin de voir où il va et tout ce qui se passe autour de lui. La plupart sont adaptés jusqu'à environ 1 an car le contact étroit de bébé avec votre corps lui rappelle l'utérus. Il se sent au chaud et protégé et vous donne l'impression d'être un kangourou. Ce qui n'est jamais une mauvaise chose.

Ayant les mains libres, vous pouvez vous déplacer tout en transportant bébé et vous concentrer sur tout ce que vous avez à faire – envoyer un texto ou aller au supermarché. Et voici le vrai plus : la vue d'un jeune papa portant son nouveau-né serré sur sa poitrine attire à coup sûr les regards admiratifs de toute la gent féminine. Cette vision suggère que vous êtes un homme résolument moderne, un mâle alpha chasseur-cueilleur qui reste en phase avec ses instincts nourriciers. Et même si vous ne l'êtes pas, mais laissez-les le croire tandis que vous continuez à arpenter les rayons.

L'écharpe, quant à elle, est un bout de tissu qui permet d'envelopper votre bébé contre vous et qui lui donnera aussi l'impression d'être compressé dans le ventre de sa maman. L'écharpe est particulièrement adaptée pour les mères allaitantes qui apprécient la discrétion de ses plis lorsqu'elles nourrissent bébé. Le danger pour vous messieurs est de vous emmêler dans lesdits plis, et de finir par ressembler à un cow-boy au rabais.

COMME SUR DES ROULETTES : LES POUSSETTES

Il existe essentiellement trois options : la poussette-canne, la poussette tout-terrain ou la poussette polyvalente. Chacune a ses avantages, qui peuvent se résumer ainsi :

La poussette-canne

On trouve des poussettes-cannes de toutes formes et de toutes tailles, du modèle de base – le plus léger – au plus robuste équipé de tout le confort. C'est pourquoi la plupart des gens en possèdent une. Sachez simplement que certaines poussettes ne sont pas adaptées aux bébés de moins de 6 mois car leur dossier ne s'incline pas assez et ne comporte pas un rembourrage suffisant. Demandez conseil au gentil vendeur avant d'acheter et gardez le ticket de caisse.

La poussette tout-terrain

Comme une poussette normale, mais conçue pour les parents actifs qui aiment promener leur bébé en terrain incliné ou sur la plage, et qui ne sont pas perturbés par son étrange carrossage. Comme le rembourrage est plus épais et que les roues sont plus grosses, elle est souvent plus chère et plus grande qu'une poussette standard, ce qui la rend plus difficile à manier dans un magasin ou dans les transports en commun, à ranger dans le coffre de la voiture ou sous l'escalier lorsque vous ne l'utilisez pas. Mais bon, la vie est faite de compromis.

La poussette polyvalente ou 3 en 1

Pour finir, l'option la plus pratique, mais souvent la plus chère. Par « polyvalente », comprenez « transformable ». Il s'agit en effet d'une poussette évolutive qui se transforme en siège auto ou en poussette-canne en quelques clics. Ce qui est top, comme vous le verrez bientôt, c'est que vous pouvez transporter un bébé endormi d'un lieu à un autre sans le déranger (c'est-à-dire sans le réveiller) grâce à ces différents modes de transport. De plus, lorsque vous ne vous en servez pas, les roues peuvent être repliées, ce qui facilite son rangement dans un coffre ou une armoire. Le seul inconvénient est que cela peut vous encourager à laisser votre bébé dans son siège auto plus longtemps que nécessaire, ce qui n'est pas forcément très bon pour son développement physique.

TROIS QUESTIONS CLÉS

Lors de l'achat d'une poussette, réfléchissez à ce qui suit avant de sortir votre carte de crédit :

1. Le coût

Vous seul pouvez définir ce qui vaut la peine ou ce qui est une arnaque, et vous ne pouvez donc pas vous tromper sur le coût. Il existe de bonnes poussettes à 150 € (ou moins si elles sont d'occasion) et des modèles à plus de 1 000 € que certains estimeront parfaitement justifiés. Vous seul pouvez décider. Ce que je veux dire, c'est que c'est comme pour le bon vin ou les belles chaussures, vous aurez ce que vous payez, en particulier si vous l'utilisez beaucoup.

2. Ce que cela comprend

Lors de l'achat d'une poussette, vérifiez ce qui est inclus dans le prix, afin d'avoir un tableau complet de la situation. Par exemple, vous faudra-t-il payer plus pour avoir des compléments tels qu'une protection de pluie, une chancelière (petit sac de couchage pour le protéger du froid), des pare-chocs ou un autre accessoire ? Et sachez que ce que le vendeur souriant a omis de mentionner, c'est qu'avec une poussette polyvalente, le prix inclut rarement le siège auto pour enfant.

3. Le rangement

Si votre maison est déjà bien remplie, il est crucial de réfléchir au rangement de la poussette lors de son achat. Pourrez-vous la ranger à l'abri des regards, une fois repliée ? Si ce n'est pas le cas, ce n'est pas la bonne poussette. Mesurez-la avant de l'acquérir et insistez pour avoir une démonstration complète pour chaque modèle que vous envisagez d'acheter.

TROIS RÉFLEXIONS CLÉS

Parce que nous n'avons pas tous besoin de la même chose…

1. Si vous marchez la plupart du temps

Cherchez une poussette facile à utiliser sur des surfaces variées et capable de rouler sans encombre sur les bordures et dans les escaliers. De bonnes suspensions et de grandes roues permettront une conduite plus souple. Mais si vous progressez sur un sol rugueux, mieux vaut prendre une poussette tout-terrain. Il est également important qu'elle soit munie d'une protection contre le vent, la pluie et le soleil. Et si vous ou la maman de votre bébé devez souvent négocier des escaliers avec la poussette, préférez un modèle léger pour éviter de souffler comme un bœuf chaque fois que vous sortez. (Toutefois, en fonction des distances que vous effectuez, il vaut peut-être mieux acheter un porte-bébé plutôt qu'une poussette – voir page 54.)

2. Si vous prenez la plupart du temps les transports en commun

Optez pour une poussette légère qui se plie en un tour de main et qui, une fois repliée, est la plus petite possible, car les transports en commun sont souvent bondés. (Le mécanisme de pliage est déterminant : il vous faut quelque chose qui se plie avec le moins d'effort possible, de préférence d'une seule main ou d'un petit coup de genou.)

3. Si vous êtes la plupart du temps en voiture

De toute évidence, il vous faut une poussette polyvalente. Cela dit, quel que soit votre choix, vérifiez que vous pourrez la glisser dans le coffre avant de l'acheter plutôt que de le découvrir à vos dépens quand il pleut des cordes et que votre patience est très limitée.

SIÈGES AUTO : LOI ET RÉGLEMENTATION

Si vous ne deviez lire qu'un seul chapitre de ce livre, lisez celui-ci, car le choix d'un siège auto est une question primordiale. Si vous voyagez en voiture avec votre bébé, il doit être obligatoirement attaché dans un siège auto. Il est interdit de le tenir dans les bras, même si c'est vraiment sur un court trajet et que la voiture roule lentement.

Au moment d'acheter un siège, vérifiez qu'il comporte une étiquette d'homologation ECE R44/03 ou R44/04, des normes qui garantissent la sécurité et votre tranquillité d'esprit. Une nouvelle législation UN R129 (i-Size) a été adoptée en juillet 2013, i-Size étant une évolution des sièges auto ISOFIX actuels répondant à la norme ECE R44/04. Pour être sûr d'acquérir le bon type de siège, demandez conseil au vendeur ayant l'air le plus sensé de la boutique. Les sièges auto ne sont pas un sujet sur lequel vous pouvez vous permettre des approximations.

En ce qui concerne les tailles de sièges auto, sachez qu'ils peuvent être classés en 3 groupes (0, 0+ et 1) ou en stade (1 et 2). La classification par groupe est plus fréquente. Pour être tranquille choisissez le siège en fonction du poids de votre bébé. Voici un guide :

Catégorie de poids	Âge approximatif	Groupe	Stade
Naissance à 10 kg	Nouveau-né à 9 mois	0	1
Naissance à 13 kg	Nouveau-né à 18 mois	0+	1
9 kg à 18 kg	9 mois à 4 ans	1	2

Selon la vitesse à laquelle votre bébé grandit, son premier siège de voiture peut durer jusqu'à deux ans avant de passer à un siège conçu pour les bébés plus âgés et les jeunes enfants, même s'il est plus sûr de se repérer au poids plutôt qu'à l'âge de l'enfant.

Il existe cependant une règle très facile à retenir : dès l'instant où vous remarquez que la tête de votre bébé dépasse du haut de son siège actuel (ou est sur le point de), c'est le moment de changer. De plus, pensez à vérifier les signes d'usure sur le siège au fur et à mesure que le temps passe et remplacez-le lorsque c'est nécessaire. En règle générale, rappelez-vous qu'« ils ne les font plus comme avant » en ce qui concerne les sièges auto, même si ce n'est pas une mauvaise chose.

En termes de position du siège, le règlement R129 stipule que les enfants doivent voyager dans des sièges auto orientés dos à la route jusqu'à ce qu'ils aient 15 mois. Mais on recommande souvent de laisser les enfants voyager ainsi jusqu'à ce qu'ils aient 2, même idéalement 4 ans. Des tests ont montré que les sièges orientés dos à la route offrent une meilleure protection aux petits enfants en cas d'accident et apportent le soutien vital de la tête et de la nuque dont votre bébé a besoin au cours de ses premiers mois. Un siège auto orienté dos à la route, pour les non-initiés et ceux qui se trompent facilement, est celui qui permet à votre bébé de voir vers l'arrière de la voiture, et non vers l'avant comme vous.

Les règles importantes qui n'acceptent aucune exception

- Idéalement, votre siège auto doit être neuf. S'il est d'occasion, vous devez être absolument certain qu'il n'a jamais subi d'accident auparavant, car ce serait compromettre sa capacité à protéger votre bébé.
- Il doit s'adapter à votre voiture en toute sécurité et être solidement fixé, sans vaciller pendant que vous conduisez – une autre raison de l'essayer avant de l'acheter. Il doit comporter un cale-tête (un petit oreiller intégré) car votre bébé n'est pas en mesure de contrôler sa nuque avant ses 3 mois.

Prêt et apte

Si vous quittez la maternité en voiture, vérifiez que votre siège auto est en bon état de marche et que vous pouvez y mettre votre bébé en toute sécurité. Cela devrait être très simple, mais familiarisez-vous avec les éléments et apprenez à vous en servir. Assurez-vous aussi de bien comprendre comment le siège s'adapte dans la voiture, car il est probable qu'il pleuvra lorsque vous quitterez la maternité, et après avoir accouché, votre compagne n'acceptera jamais de rester assise pendant une heure parce que vous ne comprenez pas le mode d'emploi.

Les règles importantes mais pas absolument vitales

1. Optez pour un modèle qui se détache de sa base, ce qui vous permettra de transporter Junior à pied ou de le poser sur sa poussette polyvalente lorsque vous quittez votre voiture. Étant donné que votre bébé aura tendance à s'endormir rapidement quand il sera dans son siège, autant ne pas le réveiller.

2. Choisissez un modèle muni de poignées robustes, mais confortables, afin de ne pas vous meurtrir les mains ou d'avoir l'impression de vous être déboîté les bras quand vous le

porterez. Un petit bébé, plus son siège, peut peser très lourd.

3. Optez pour un siège conçu pour bercer doucement votre bébé lorsque vous le sortez de la voiture, afin de pouvoir le rendormir s'il pleure, ou de le laisser dormir pendant plusieurs heures. (Compte tenu du temps qu'il passera endormi, l'option à bascule est un complément intéressant, mais sachez que les sièges auto pour bébé peuvent compresser votre bébé et exercer une pression sur sa colonne vertébrale en développement s'il passe trop de temps dedans. À moins de souhaiter le voir grandir tout déformé, limitez le temps où il dort dedans.)

Ils sont passés par là… (et ont survécu !)
Tous les clichés sont vrais

Ces premiers jours ont été difficiles pour un certain nombre de raisons. On se pose continuellement la question « Est-ce normal… ? » (Doit-il dormir comme ça ? Doit-il dormir si peu ? Pourquoi pleure-t-il autant ?) Avec le temps, cela devient logique, mais les premiers jours, vous ne savez tout simplement pas ce qui est vrai et ce qui est faux. Les pleurs ont toujours été mon plus grand souci à la naissance – ne pas savoir quoi faire pour qu'ils cessent. À l'époque, c'était comme si ça ne s'arrêterait jamais et cela m'a fait pleurer quelquefois, mais comme tout, ça va mieux. Le meilleur conseil que je peux donner est que chaque cliché est vrai. C'est une phase, elles sont toutes différentes, elles changent votre vie, vous rirez en regardant en arrière. C'est tout à fait vrai. De même, tout le monde a sa propre histoire avec son enfant. Vos histoires seront des souvenirs que vous garderez le restant de votre vie.

PAUL H., PAPA DE LUCAS

Chapitre 2

MASTER CLASS DES TÂCHES QUOTIDIENNES D'UN PAPA QUI ASSURE

LE SOMMEIL

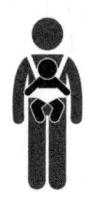

Il ~~risque d'y~~ va y avoir des problèmes

Même les plus mal préparés des nouveaux papas l'auront entendu : votre nouveau-né dormira énormément durant les premières semaines de sa vie, et vous ne ferez presque rien. Mais c'est loin d'être une bonne nouvelle.

Le truc avec le manque-de-sommeil-horrible-que-vous-ressentirez est cliché, car vrai, mais cela n'a pas d'importance. Oui, vous vous sentirez plus confus qu'à n'importe quel autre moment de toute votre vie, et parfois vous aurez envie de vous mettre en position fœtale et de dormir pendant un mois, mais votre instinct paternel reprendra le dessus et vous rappellera que vous êtes en train de faire le boulot le plus important au monde.

Et d'ailleurs, on surestime le sommeil. On n'a besoin que de 4 heures pour pouvoir survivre, à condition de démarrer avec un café serré et de ne pas trop pousser la machine.

Aussi difficile que cela puisse paraître, et aussi cliché que cela semble être, la privation de sommeil n'est vraiment juste qu'une phase. Dites-vous bien que c'est difficile au début, mais que ce sera moins dur la prochaine fois. Et que cela se termine un jour. Deux mois, peut-être trois, puis cela devient un peu plus facile. Mais ne nous éloignons pas trop. Reprenons au début et examinons quelques chiffres.

Un nouveau-né dort jusqu'à 18 heures par jour, ce qui signifie qu'il n'est éveillé que 6 heures. Ce qui a l'air gérable. Le problème, c'est qu'il ne dort jamais 18 heures d'affilée, car à cet âge son sommeil se divise en plusieurs petites tranches de sommeil paradoxal (caractérisé entre autres par des mouvements rapides des yeux). Ainsi, en général, attendez-vous à ce que votre bébé dorme 2 heures par-ci, 3 heures par-là, peut-être 4 si vous avez vraiment de la chance.

Dans la journée, ce cycle saccadé n'est pas un véritable problème, car les parents sont de toute façon debout et un bébé éveillé est plus amusant qu'un bébé qui dort tout le temps.

C'est la nuit que ça se complique car, même si vous devez aller au travail le lendemain, en tant que père, votre rôle est de répondre à l'appel de votre bébé – de jour comme de nuit, y compris les week-ends et les jours fériés.

Ce qui signifie que vous aussi survivrez par petites phases de sommeil paradoxal, très légèrement assoupi avec un œil toujours à demi ouvert. Dans un premier temps, vous jaillirez tel un ninja hors de votre lit au moindre bruit, prêt à gérer tout type d'urgence. Au bout de quelques nuits, votre bond sera lesté par les semelles de plomb d'un homme qui parvient à dormir trois fois douze minutes par nuit.

Mais jour après jour, au bout de trois mois, chaque nuit devrait devenir un peu plus facile. Quand ils atteignent entre 6 et 8 semaines, la plupart des bébés commencent à dormir plus longtemps pendant la nuit et passent d'un sommeil paradoxal et superficiel, susceptible de s'interrompre à tout moment, à un sommeil plus profond, plus satisfaisant. Cela signifie aussi que votre bébé sera éveillé plus longtemps la journée et vous prendra davantage de temps, ce qui est un excellent compromis.

Risque de sautes d'humeur

Il faut savoir que le manque de sommeil et le stress peuvent amener les parents à se chamailler. Même si votre amour était solide comme un roc avant l'arrivée de Junior, vous risquez de finir par vous disputer pour une broutille. Les niveaux de tolérance seront plus bas que jamais et les mots pourront sembler blessants, voire brutaux. Si la maman vous

> insulte au milieu du supermarché parce que vous avez laissé la liste des courses à la maison, c'est qu'elle est juste très fatiguée et souffre sans doute encore beaucoup. Elle ne le pense probablement pas. C'est juste le stress de la situation qui ressort, et si vous êtes honnête avec vous-même, vous savez qu'elle a raison. Ne le prenez pas à titre personnel. Vous retrouverez vos marques lorsque les choses se seront calmées et vous finirez par rire de cette période difficile, à condition de ne rien dire que vous pourriez regretter et devoir ensuite vous excuser. Comme tout, ce n'est qu'une phase.

Gardez en tête que dès 4 mois, votre bébé peut commencer à dormir douze heures d'affilée, si vous avez vraiment beaucoup de chance. Cependant, faites-vous à l'idée que cela pourrait prendre près de 5 ou 6 mois et que même s'il a commencé à faire ses nuits, il peut y avoir des rechutes. Et comme votre corps a été reprogrammé pour vous occuper de votre bébé, le protéger et sauter du lit au moindre bruit, vous bondirez de votre lit plusieurs fois par nuit à la plus légère toux ou au moindre gazouillis. Mais, peu à peu, le sommeil de votre bébé ressemblera de plus en plus à celui d'un être humain pleinement opérationnel.

Je ne vous dirai pas qu'aujourd'hui encore je me réveille parfois la nuit pour effectuer des tâches extrêmement importantes comme localiser de petits oursons en peluche sur lesquels mes enfants sont couchés en déplaçant légèrement l'oreiller vers la gauche ou la droite, ni que mes garçons ont maintenant 5 ans, car à ce stade, ce serait inutile et surtout très décourageant pour vous. Restez positif et répétez-vous que ça va aller de mieux en mieux.

18 °C

La température idéale pour la chambre de bébé se situe entre 16 °C et 20 °C. Vous pouvez vérifier la température en investissant dans un thermomètre ultra-high-tech, mais sachez alors que si la température descend en dessous ou dépasse les deux extrêmes, un signal sonore se déclenche au poste de police local et qu'une fourgonnette vous enverra tout droit en prison.

En réalité, tant que votre bébé semble n'avoir ni trop chaud ni trop froid, et tant que vous usez d'un certain bon sens rudimentaire, comme ajouter des vêtements lorsqu'il fait froid et les retirer lorsqu'il fait chaud, tout se passe très bien. Un ambulancier nous a dit un jour que « les bébés ont toujours les extrémités un peu froides », donc si sa poitrine est chaude et ses mains sont un peu fraîches, tout va bien.

SIX QUESTIONS/RÉPONSES UTILES SUR LE SOMMEIL

1. Où mon bébé doit-il dormir la nuit ?

Dans votre chambre, dans un couffin ou dans un lit de bébé. Jamais dans votre lit avec vous : vous risqueriez de l'écraser. Et jamais près d'un radiateur, car cela risquerait d'élever sa température corporelle et de provoquer le syndrome de mort subite du nourrisson, qui, heureusement, est devenu rare de nos jours.

Certains parents gardent leur bébé dans la même pièce qu'eux la première année voire plus, d'autres le déplaceront dans sa propre chambre dès les premiers jours. Optez pour ce qui est bon pour vous, parce qu'il y a des avantages et des inconvénients dans les deux cas.

Avoir son bébé dans la même pièce que vous peut vous tranquilliser de le savoir en sécurité durant la nuit, et à l'abri d'être enlevé par un renard ou en train de mourir étouffé loin de votre paranoïa parentale. Mais avoir votre bébé dans votre chambre peut vous mettre en état d'alerte permanente, et la moindre petite toux peut vous faire bondir du lit pour vérifier que tout va bien. Si votre bébé est dans la pièce voisine, rien ne garantit que vous pourrez dormir paisiblement, en particulier si vous avez un babyphone, mais la distance peut aider et vous aurez l'impression de faire des progrès.

2. Dans quoi mon bébé doit-il dormir ?

Très probablement dans un babygro tout doux, avec ou sans body en dessous, selon la saison et la météo. Le bon sens est la clé, mais une règle de base est d'habiller bébé avec des vêtements dans lesquels vous auriez assez chaud pour dormir, puis d'ajouter une couche. Il paraît que c'est bien. Vous pouvez aussi emmailloter votre bébé (voir page 47).

3. Sous quoi mon bébé doit-il dormir ?

Les draps en coton et des couvertures en coton cellulaire, au moins les premières semaines, seraient la meilleure option. Grâce à ces couvertures légères, il est facile de réguler la température, ce qui est absolument crucial au cours de la première année par rapport aux risques de mort subite. Pour cette raison, n'utilisez ni couette ni oreiller au cours de la première année car votre bébé peut s'étouffer avec.

Pour éviter que votre bébé n'ait trop chaud, vérifiez la température et usez de votre bon sens et de votre intuition de parent. Si votre bébé a trop chaud, il va essayer de se débarrasser de sa couverture, voire de se mettre en position de bain de soleil – les bras et les jambes en étoile de mer. Selon la façon dont il est couvert, il ne pourra peut-être pas le faire. Il est facile de le vérifier en lui touchant la tête ou le ventre pour sentir s'il a chaud ou est en sueur. Si c'est le cas, retirez-lui une ou plusieurs couches de vêtements jusqu'à ce qu'il soit plus à l'aise. Et s'il a froid, ajoutez des couches et ainsi de suite. Encore une fois, ne vous fiez pas à ses mains ou à ses pieds car ils sont souvent un peu plus frais.

Au bout de quelques semaines, vous pouvez mettre votre bébé dans un nid d'ange – une gigoteuse qui s'adapte parfaitement sur les épaules et qu'il ne peut retirer la nuit, ce qui risquerait de le faire pleurer parce qu'il aurait trop froid. Tant que la gigoteuse est à la bonne taille, elle élimine le danger que le bébé puisse se retrouver complètement sous la couverture et avoir trop chaud. Certaines sont conçues pour l'hiver et disposent d'un indice de chaleur (appelé « tog ») plus élevé, d'autres sont conçues pour l'été avec un indice de chaleur bas. Voici un guide pratique :

Pièce	Linge de lit
24 °C	Drap seulement
21 °C	Drap + 1 couverture, ou 1 gigoteuse
18 °C	Drap + 2 couvertures, ou 1 gigoteuse tog 2,5
16 °C	Drap + 3 couvertures, ou 1 gigoteuse tog 2,5 + 1 couverture

Remarque : *Sachez qu'une couverture pliée en deux équivaut à deux couches. Oh, et si comme moi vous ne le saviez pas, le « drap » couvre le matelas, la « couverture » couvre le bébé qui dort dans le lit. Il est important de clarifier cela.*

4. Comment mon bébé doit-il dormir ?

Comme dit le proverbe, l'espoir fait vivre. En ce qui concerne la position dans laquelle votre bébé doit dormir, le plus sûr est de le coucher toujours sur le dos au cours de la première année. Placez-le de sorte à ce que ses pieds touchent le bout du couffin ou du lit, en le couvrant en toute sécurité, c'est-à-dire en laissant les épaules découvertes. Il sera ainsi moins susceptible de s'entortiller sous les couvertures et de se retrouver en difficulté et restera mieux en place.

5. Combien de temps mon bébé doit-il dormir la nuit ?

Tout ce que l'on peut répondre, c'est « le temps qu'il lui faut ». Voici cependant un guide sommaire :
0 – 3 mois : de 8 à 18 heures, réparties sur toute la journée et toute la nuit. Il se (vous) réveillera lorsqu'il aura faim, chaud ou froid.

3 – 6 mois : au moins 8 heures par nuit. À un moment donné, il passera plus de temps éveillé pendant la journée.

6 – 12 mois : 12 heures par nuit, et jusqu'à 15 heures sur 24 heures. Il ne se nourrit plus durant la nuit, mais des problèmes de dents peuvent l'embêter.

6. Faut-il mettre en place un rituel au moment du coucher ?

Dès 3 mois environ, vous pouvez mettre en place un rituel au moment du coucher afin d'aider votre bébé à faire la différence entre la nuit et le jour, et à établir un rythme de sommeil très stable. Cela devrait l'aider à dormir plus longtemps la nuit, ce qui vous aidera à dormir plus longtemps aussi, une situation « gagnant-gagnant » pour tout le monde. Le rituel doit débuter lorsqu'il a sommeil, en général vers 19 heures, et se dérouler dans l'ordre suivant :

1. prendre un bain

2. mettre son pyjama

3. boire du lait

4. brosser les dents (s'il y a des dents à brosser)

5. le coucher en baissant les lumières

6. lire un livre (quelque chose de calme, qui ne l'excite pas)

7. un bisou, quelques mots pour lui dire que c'est l'heure de dormir, et vous quittez la pièce lorsqu'il ne dort pas encore.

Le moment où vous quittez la pièce risque de déclencher des larmes la première fois (voir « Limiter les pleurs », page 80), mais au fil du temps, ce sera plus facile. Il est important que votre bébé apprenne à s'endormir seul dans son lit, plutôt que dans vos bras en vous étranglant à lui chanter une berceuse et en vous exposant aux ennuis.

L'idée consiste à mettre en place un rituel simple que votre bébé associera au coucher, afin qu'il commence automatiquement à se préparer au sommeil dès qu'il arrive dans la salle de bains. Ce n'est pas l'heure de faire le fou, c'est l'heure de se calmer.

8 signes qui traduisent la fatigue de votre bébé

C'est à vous – et non à votre bébé – de contrôler le moment où il doit aller dormir. Repérer ses signes de fatigue est pourtant digne d'un Jedi aguerri. Voici des pistes :

1. il bâille et s'étire beaucoup ;
2. il se frotte les yeux à plusieurs reprises ;
3. il se gratte l'oreille ;
4. il regarde dans le vide ;
5. il bâille avec plus d'insistance ;
6. il devient très calme ;
7. il devient nettement plus grincheux, pleurnichant à la moindre chose ;
8. il dort debout.

Remarque : Vérifiez aussi l'heure car votre bébé est peut-être calé sur son rythme de sommeil.

LIMITER LES PLEURS

À partir de 6 mois, vous pouvez faire comprendre à votre bébé qu'il est temps d'aller au lit et qu'il a besoin de dormir. Même si vous voulez encore profiter de lui, ce sera payant sur le long terme.

L'idée est de mettre en place un « train-train » et de définir certains paramètres, dans le but ultime d'apprendre à votre bébé à faire ses nuits de manière régulière.

En gros, vous couchez votre bébé quand il ne dort pas encore, puis vous quittez la pièce. Cela risque de déclencher des larmes, que vous ferez semblant de ne pas entendre alors que vous êtes devant la porte pétri de culpabilité. Vous revenez au bout de quelques minutes pour vérifier qu'il va bien et lui rappeler de manière inflexible qu'il est temps d'aller dormir, puis vous ressortez de sa chambre.

Ce processus se poursuit, le temps passé hors de la chambre augmentant peu à peu. Cela peut durer 5 minutes comme plusieurs heures, mais votre bébé finira par s'endormir.

Le lendemain, vous répétez le processus jusqu'à ce qu'à la fin de la semaine (avec un peu de chance), votre bébé soit capable de se régler. Chaque soir, les choses devraient être un peu plus faciles, même si cela peut empirer avant que cela aille finalement mieux et que vos voi7sins finissent par appeler la police.

Remarque : *N'essayez cette méthode que si vous pouvez y consacrer une semaine entière. Cela ne sert à rien de le faire deux nuits et d'arrêter une nuit car cela envoie des messages contradictoires. N'essayez pas non plus si votre bébé est malade. Ses pleurs pourraient être plus graves, et vous risqueriez d'être poursuivi pour maltraitance.*

TENIR ET PORTER UN BÉBÉ

*Si vous le faites bien,
c'est un jeu d'enfant. En revanche,
si vous ne le faites pas bien...*

Tout comme il existe plusieurs façons de plumer un canard, il existe aussi plusieurs manières de tenir votre nouveau-né en toute sécurité. Quatre façons évidentes, je dirais, et qui ont toutes un point absolument crucial en commun : la tête et la nuque du bébé sont entièrement soutenues. Jusqu'à ce que votre bébé ait environ 4 mois, il n'a pas la force de le faire tout seul. Il faut donc le faire pour lui, sans faute.

Avec le temps et la pratique, vous saurez ce qui fonctionne le mieux pour votre bébé – il vous le fera généralement savoir en regardant d'un air content, en s'endormant, ou au contraire en se mettant à pleurer. Donc, dans le désordre :

EN MODE BERCEAU

La position classique. Elle consiste à placer la tête de votre bébé dans le creux de votre bras préféré, tandis que l'autre bras enveloppe solidement et confortablement son corps. Votre bébé allongé, mettez une main sous son cou, puis ramassez l'arrière de ses jambes et placez-les correctement. Un bébé dormirait pendant des heures dans cette position, mais au bout de 90 minutes, vous auriez perdu toute sensation dans le bras. Aussi, songez à le mettre dans son lit dès qu'il s'est endormi.

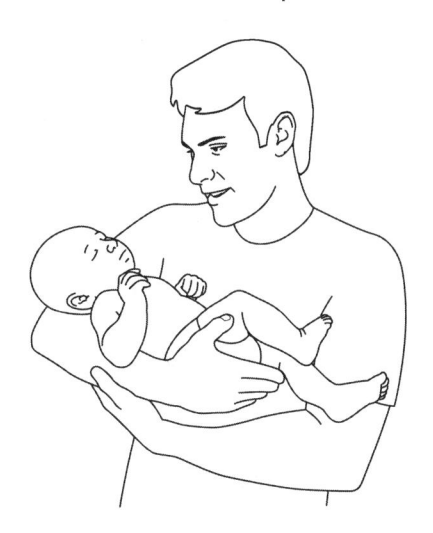

DEBOUT

Cela ressemble à la technique utilisée pour faire faire son rot à votre bébé (voir page 154). Soulevez-le comme pour la technique du berceau, puis placez votre bébé face à vous contre votre poitrine, du côté de votre cou que vous préférez. Sa petite tête doit dépasser un peu de votre épaule (pour qu'il respire). Soutenez sa nuque de votre main qui est en hauteur et passez votre autre main sous ses fesses. Vous avez raison : c'est presque insolemment facile. Mais vous n'avez encore rien vu : attendez donc la position suivante.

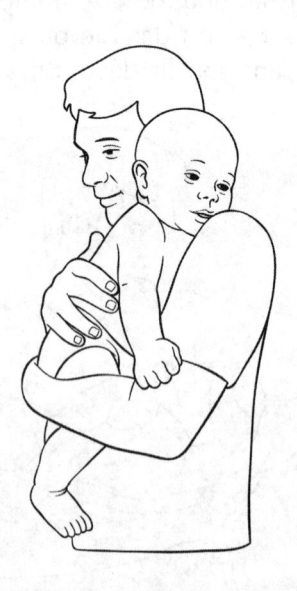

SUR LES GENOUX

Lorsque vous n'avez pas besoin d'être debout ou de vous déplacer, asseyez-vous simplement dans une chaise confortable, les genoux calés et légèrement surélevés. Couchez votre bébé sur le dos le long de vos jambes, l'arrière de sa tête appuyée contre vos genoux et ses pieds sur votre ventre (tonique bien sûr !). Cette position est parfaite lorsque votre bébé est réveillé et que vous souhaitez jouer avec lui.

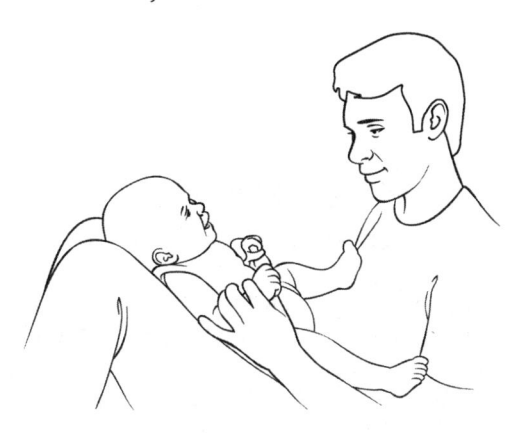

SUR LE VENTRE

Pliez votre bras le plus fort à 90°, puis posez la poitrine de votre bébé vers le bas le long de la face inférieure de l'avant-bras. Sa tête doit reposer sur un côté dans le creux de votre main. Portez le bras à votre corps, utilisez votre bras libre pour maintenir votre bébé en place, puis massez-lui doucement le dos. Cette position est légèrement plus complexe que la précédente, avec le risque supplémentaire de le faire tomber. Aussi, agissez avec prudence.

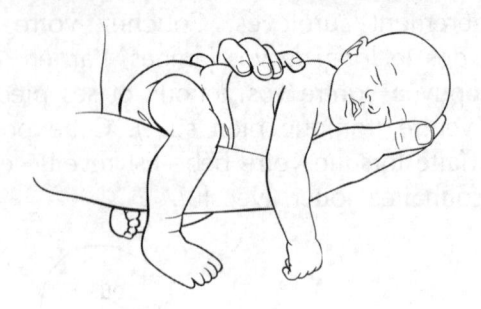

ATTENTION !
Ne secouez jamais votre bébé !

Les nouveau-nés et les bébés sont incapables de retenir leur tête et leur cou, la moindre secousse peut causer d'importants dommages – entraînant, dans les cas graves, des lésions cérébrales et la mort. Procédez toujours avec douceur et une extrême prudence.

Ils sont passés par là... (et ont survécu !)
Improvisez au fur et à mesure

Une fois que votre bébé est à la maison, le meilleur conseil est d'ignorer tous les conseils que vous avez reçus. Nous, les humains, sommes programmés pour faire face à toutes les situations, et vous allez y arriver.

C'est un cliché de le dire, mais profitez-en. Visitez les zoos, sautez dans les piscines à balles, regardez les émissions pour enfants, mangez de la pizza, amusez-vous avec des jouets, lisez des livres stupides... Vous oublierez les nuits blanches, les maladies et les crises – vous aurez en contrepartie de magnifiques montages de films super-8 avec d'inoubliables bandes sonores qui éditent habilement tous les pires morceaux.

Avant d'avoir des enfants, je ne comprenais pas pourquoi les grands-parents semblaient toujours si heureux autour de leurs petits-enfants. Je le sais maintenant... Ils ont la chance de pouvoir recommencer.

RICHARD B., PAPA DE LAUREN ET OLIVER

LES PLEURS

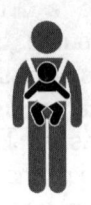

Pourquoi ne s'arrêtent-ils pas ?
Pourquoi sont-ils si forts ?
Avez-vous le droit de pleurer vous aussi ?

Suite à un regrettable défaut de conception, les bébés ne sont pas équipés d'un bouton « on/off » magique, ni de batteries à retirer. Si votre bébé pleure – et ça lui arrivera souvent –, c'est que quelque chose ne va pas. Votre rôle consiste à jouer les détectives pour identifier le problème, avant de trouver comment le résoudre. Avec le temps et l'expérience, cela deviendra un jeu d'enfant. Les premiers jours, cependant, vous n'en aurez probablement pas la moindre idée. Pour vous aider dans un premier temps, voici douze causes possibles, ainsi que quelques solutions :

SA COUCHE EST-ELLE PLEINE ?

Dans les cas extrêmes, ce constat sera évident pour tous à 15 mètres à la ronde. S'il n'y a aucune odeur avérée, il vous faudra la chercher en prenant une inspiration profonde au niveau des fesses de votre bébé. Vous risquez d'être un peu dubitatif au début, mais cela deviendra bientôt une seconde nature et vous lui reniflerez les fesses simplement parce que c'est ce que tous les papas font. Changez-lui sa couche, si nécessaire, et les pleurs cesseront.

A-T-IL FAIM ?

Même si votre bébé mange à heures régulières, que vous pensez savoir quand il veut du lait, il se peut parfois qu'il ait faim plus tôt. Réfléchissez un peu : ce n'est pas parce que vous savez que vous allez dîner à 20 heures que vous n'aurez pas envie d'un biscuit à 16 h 15. Heureusement, un bébé affamé émettra des signaux pour montrer qu'il veut du lait, ce que les professionnels appellent le réflexe d'enracinement. Pour éviter au bébé d'atteindre le premier stade et pleurer, et devenir beaucoup moins sage, vous devrez apprendre à reconnaître les signes précoces.

A-T-IL TROP CHAUD OU TROP FROID ?

Si votre bébé a plus de 38 °C à 3 mois ou moins, ou 39 °C entre 3 et 6 mois, il a de la fièvre. S'il a juste un peu chaud ou un peu froid, ajoutez ou supprimez une couche de vêtements, augmentez ou baissez le chauffage, ouvrez ou fermez une fenêtre, utilisez votre bon sens. S'il est en sueur, il est probable qu'il ait un peu trop chaud. S'il a trop froid, les stalactites qui pendent sous son nez trahiront son état, et vous devrez le vêtir plus chaudement.

NE S'ENNUIE-T-IL PAS ?

Peut-être. Pouvez-vous lui en vouloir alors qu'il est enfermé entre ces quatre murs 23 heures par jour, à écouter le baratin des adultes et les dialogues de l'intégrale de *Breaking Bad* ? Si vous pensez qu'il pleure parce qu'il s'ennuie, peut-être a-t-il juste besoin d'un peu de divertissement. Et la télévision, pour lui, c'est vous. Il est temps de faire venir les clowns ! Non, en fait, renvoyez les clowns chez eux, ils risqueraient de lui provoquer des cauchemars pour le restant de ses jours. Envisagez plutôt les options suivantes :

La peluche

Présentez-lui une peluche, suffisamment près de son visage pour qu'il puisse voir ce que c'est, mais pas trop près pour ne pas l'effrayer. Ne l'agitez jamais pour ne pas le rendre nerveux ou risquer de lui donner le mal de mer.

Sortez faire une promenade

S'il a besoin d'une stimulation plus légère, il suffit de marcher autour de chez vous (ou peu importe où vous vous trouvez) et d'expliquer à votre bébé ce que vous faites et ce que vous pouvez voir – à condition de ne rien voir d'obscène, comme le type qui se promène en face en sortant de sa douche ou le clochard qui vomit dans une poubelle. Il n'a souvent besoin que d'un simple changement de décor. Votre bébé ne peut pas vous parler, mais s'il vous écoute bouche bée, c'est que ça marche.

Chantez-lui une chanson

Trouvez un air que votre bébé aime – « Promenons-nous dans les bois », « Une souris verte », « Au clair de la lune »… La seule règle est de fredonner : tout bruit trop fort risque de lui faire peur et de déclencher plus de larmes.

Prenez-le dans vos bras

Votre bébé a peut-être juste besoin de contact. Après neuf mois au chaud, écrasé contre les entrailles de sa mère, il a l'habitude d'être à l'étroit. Vous pouvez l'emmailloter (voir page 47), mais il vaut mieux garder cela pour le coucher. La chose à faire est donc simplement de lui faire un câlin et de lui chuchoter des mots doux à l'oreille.

Si cela ne fonctionne pas, essayez d'autres bras. Parfois, ce n'est pas vous qu'il veut, mais sa mère. Acceptez-le. Donnez le bébé à sa maman et allez lui préparer une tasse de thé (à la maman, pas au bébé bien sûr !).

Gratouillez-lui le ventre

Parfois, le petit chien qui sommeille en votre bébé veut qu'on lui gratouille le ventre. Rien de compliqué, juste des caresses douces pour l'apaiser. Pour une raison quelconque, cette technique très simple fonctionne souvent mieux la nuit.

A-T-IL ÉTÉ TROP STIMULÉ ?

Parfois, il se passe trop de choses autour de votre bébé dans ce monde nouveau et passionnant, et il peut se sentir désorienté ou dépassé par les images et les sons qui l'entourent et commencer à bouillonner de manière incontrôlable. Vous risquez vous aussi d'être dans cet état au cours des premiers jours et semaines, mais alors que vous devrez vous ressaisir, votre bébé aura aussi besoin de vous. Emmenez-le dans un endroit plus calme et parlez-lui d'un ton posé à voix basse, jusqu'à ce qu'il cesse de pleurer, et s'endorme probablement sans tarder.

DOIT-IL FAIRE UN ROT ? A-T-IL DES GAZ ?

Si vous avez nourri votre bébé dans une mauvaise position, peut-être a-t-il avalé de l'air. Cet air va circuler dans son corps en faisant des bruits de tuyauterie, cherchant à sortir. Il peut le faire par la porte de derrière, mais il est plus probable que vous ayez besoin d'aider votre bébé à faire un rot pour libérer tout cet air dans une série de renvois très amusants. (Voir page 154 pour un aperçu complet.)

EST-IL SIMPLEMENT FATIGUÉ ?

Même s'il a bien dormi au cours des 12 derniers jours, il est peut-être un peu fatigué. Si aucune des options précédentes ne semble valable, ou si vous savez, compte tenu de son rythme de sommeil, que votre bébé ne devrait sans doute pas être éveillé, bercez-le doucement pour l'endormir. Chose curieuse, il faut apparemment bercer un bébé d'un côté à l'autre pour l'endormir et d'avant en arrière pour l'amuser et le stimuler. Ce n'est pas moi qui fais les règles !

A-T-IL MAL AUX DENTS ?

On dit que cela n'arrive généralement pas avant 7 mois, mais « on » peut parfois se tromper. Même sans le moindre signe d'une dent qui perce, il est possible que votre bébé ait des poussées dentaires. Les symptômes – il bave, se ronge les mains ou mord ses jouets, a de la fièvre, une éruption cutanée au visage ou au menton, de la diarrhée, etc. – peuvent apparaître dès 3 mois, et ce, même sans le moindre bourgeon nacré. Les premières dents sortent généralement en bas, la gencive commençant à tourner au rouge foncé. Anneaux et gels de dentition, boissons fraîches et un sirop au paracétamol très connu peuvent tous apporter un soulagement rapide.

VEUT-IL SA TÉTINE ?

C'est souvent la solution la plus simple et la plus évidente. Si vous avez choisi de calmer votre bébé avec une tétine, c'est le moment de lui en donner une et d'apprécier instantanément le bruit du silence. Si vous lui avez déjà donné la tétine, mais qu'il ne l'a plus, trouvez où elle est tombée, lavez-la et redonnez-lui ou remplacez-la par une nouvelle et continuez à faire ce que vous faisiez avant qu'il se mette à pleurer.

A-T-IL DES COLIQUES ?

Cette douleur violente et souvent cyclique dans l'abdomen de votre bébé, causée par des gaz intestinaux, touche 1 bébé sur 5. Si le vôtre en fait partie, vous êtes fichu car il va pleurer de façon incontrôlable, même s'il est par ailleurs en parfaite santé. Peu importe ce que vous essayerez, rien n'arrêtera ses pleurs.

Les coliques commencent habituellement à environ 3 semaines et les pleurs d'un bébé souffrant de coliques commencent généralement en fin d'après-midi/début de soirée, lorsqu'il est un peu fatigué et passablement irritable, comme nous tous.

Repérez les signes révélateurs : le bébé a le visage et les joues rouges, il tend les jambes, peut se cambrer, serrer les poings, se mettre en colère et ignorer vos vaines tentatives de le calmer alors que vous agitez cette petite peluche devant son visage.

On ne connaît pas la cause précise des coliques, et il n'y a pas de remède garanti. Vous pouvez essayer de l'emmailloter, lui donner une tétine, le bercer doucement dans vos bras (de gauche à droite), et le masser très délicatement. Et consultez aussi votre médecin.

Les coliques devraient passer tout naturellement, en général vers 4 à 6 mois. Vous vous demandez si vous êtes capable de survivre sans dormir pendant 3 à 6 mois ? Évidemment. Commencez à boire des quadruples expressos.

Réponses rapides

Si vous laissez pleurer votre nouveau-né trop longtemps, il se sentira ignoré, ce qui le fera pleurer encore plus fort. Il sera perturbé, voire en colère, et ses pleurs augmenteront. La douleur provoquée par ses cris encore plus forts risque de le rendre furieux, jusqu'à le faire exploser de colère.

Les pleurs de votre bébé sont sa seule forme de communication. Un enfant parle, un adolescent grogne, mais à ce stade, votre bébé n'a d'autre choix que de s'époumoner jusqu'à décoller le papier peint des murs.

Ne tardez pas à lui répondre (quelques minutes au plus) et vous aurez un enfant heureux, ce qui est mieux qu'un bébé qu'on laisse pleurer indéfiniment.

Remarque : Ceci dit, il est toujours bon d'essayer de limiter les pleurs (voir le paragraphe consacré page 80) à partir de l'âge de 6 mois.

EST-IL MALADE ?

Si vous pensez que votre bébé est en train de couver quelque chose, même si vous n'avez aucune qualification en tant que médecin, vous devez agir vite. En règle générale, vous détecterez un cri faible et nasal, un de ces cris qui vous dit qu'il n'a tout simplement pas l'énergie de crier plus fort. Diagnostiquer un bébé malade est un sujet suffisamment important pour qu'on lui consacre un développement à part pages 107 à 117.

SE PLAINT-IL D'AUTRE CHOSE ?

Il est fort possible que ce soit le cas. Si c'est un garçon, il peut se mettre à pleurer car il a un cheveu enroulé autour du zizi, arrivé là on ne sait comment. À moins que le cheveu ne se soit enroulé autour d'un de ses doigts, qu'une étiquette de vêtement ne le gratte, qu'il ne se sente tout simplement pas à l'aise ou même qu'il ne déteste la musique que vous avez mise, ou le programme à la télévision. À moins que ce ne soit la lumière qui soit trop forte, ou… d'autres problèmes que rencontrent les divas et qui vous donneront l'impression de comprendre le père de Jennifer Lopez lorsqu'elle était petite. Monsieur Lopez, je vous plains.

Remarque importante : *Des études ont montré que les bébés pleurent davantage le soir que dans la journée, essentiellement car, comme vous, ils sont plus fatigués en fin de journée. Mais contrairement à vous, ils ne peuvent pas prendre de caféine pour se donner un petit coup de fouet. Sachez qu'un bébé parfaitement heureux peut pleurer pour s'endormir. S'il le fait régulièrement et que votre médecin a vérifié qu'aucun autre facteur n'est en cause, vous* *n'avez rien à craindre. Le plus important à savoir, c'est que les pleurs diminuent vers 3 mois. Une date à marquer d'une croix dans votre calendrier.*

> ### Bruit de fond
>
> Curieusement, de nombreux bébés se calment et arrêtent de pleurer lorsqu'ils entendent le bruit de l'aspirateur ou de la machine à laver. Certaines personnes qui ont essayé tout le reste conseillent aussi de taper « bruit de fond » sur YouTube. Ça marche souvent.

DÉCRYPTER LES PLEURS

Tous les pleurs ne sont pas les mêmes, et il est souvent possible d'identifier le problème selon les sons et le style de cris qu'émet votre bébé…
Faim : De petits cris courts, haut perchés, un peu désespérés qui montent et descendent, comme si votre bébé réclamait de la nourriture.
Douleur : Des pleurs soudains, plus forts et plus durables, suivis par un silence, comme si le bébé remplissait ses poumons d'air et se préparait à pleurer. Il est en principe très agité.
Épuisement : Des pleurs un peu étouffés, comme un chuchotement, qui peuvent être intermittents, mais qui prennent de l'ampleur jusqu'à ce qu'il en ait assez et s'égosille vraiment.

Maladie : Des pleurs souvent faibles et très étouffés, preuve qu'il peut à peine trouver l'énergie pour pleurer correctement.

Ennui : Ça commence par de courtes rafales de bruit, y compris des éclats de rire, le bébé essayant de provoquer une « conversation ». Attendez-vous à des pleurs explosifs si vous ne réagissez pas.

DILEMME
La tétine

Tétine ou pas tétine, telle est la question ! Ceci est l'un des plus grands dilemmes auxquels sont confrontés les parents les premiers jours. Lui donner la tétine et avoir l'impression d'avoir échoué quelque part ? Ou rester stoïque lorsque votre bébé pleure jusqu'à vous rendre fou ?

Vous seul pouvez décider quoi faire et rien de ce que j'écris ici ne doit vous influencer. Même si je dis que les tétines sont géniales pour calmer rapidement et facilement votre bébé. La tétine soulage instantanément le(s) parent(s), le bébé et, dans les cas extrêmes, les voisins. Alors, en quoi cela pourrait-il être mauvais ?

Le gros problème avec les tétines, c'est que le soulagement n'est que temporaire, et dès que la tétine est recrachée, qu'elle tombe ou qu'on l'enlève, les pleurs sont susceptibles de recommencer, surtout si votre bébé a pris l'habitude de la sucer.

La tétine peut donc devenir une habitude paresseuse : il devient rapidement plus facile de la lui donner plutôt que de chercher la cause des pleurs. De plus, un bébé qui suce tout le temps sa tétine risque d'avoir des dents proéminentes en grandissant, s'exposant à des moqueries dans la cour de récréation, bien qu'aucune preuve véritable ne vienne étayer cette affirmation.

En revanche, il a été prouvé qu'un bébé allaité n'a pas besoin d'avoir de tétine, surtout pas le premier mois où il doit prendre du poids et où une succion excessive pourrait le perturber. Il a également été prouvé que votre bébé n'apprendra pas à s'endormir seul s'il compte trop sur un stimulant artificiel, à savoir la tétine. S'il s'endort et se réveille dans la nuit mais ne la trouve pas, vous pouvez vous attendre à être tiré de votre sommeil par ses cris perçants. Et tandis que vous tâtonnez dans le noir pour la trouver avant de la lui rendre, vous savez que vous allez rejouer la même comédie plusieurs fois d'ici la fin de la nuit.

Dans les pour, en plus d'offrir un dépannage rapide, la tétine est préférable au pouce car on peut l'enlever. En revanche, certains médecins affirment que son utilisation prolongée risque de provoquer des infections de l'oreille, pour des raisons que je ne ferai même pas semblant de connaître.

Il y a donc des avantages et des inconvénients. Mais comme tout dans la vie, tout est affaire de modération. Si elle est utilisée avec parcimonie, pour de courtes périodes et lorsque l'on n'a pas d'autre choix, la tétine peut être votre meilleure alliée. Son utilisation ne fera pas de votre bébé un tueur en série plus tard, ni de vous un mauvais papa, du moins si vous n'optez pas pour la facilité afin de lire votre journal en paix. Si vous sevrez votre bébé entre 3 et 6 mois, 1 an tout au plus, tout devrait bien se passer.

OSTÉOPATHIE CRÂNIENNE

En voici un drôle de truc. Soit l'ostéopathie crânienne est le remède miracle contre les coliques tant redoutées d'un bébé qui entraînera moins de pleurs et une meilleure qualité de sommeil pour votre bébé et vous, soit c'est le genre de foutaise qui n'existait pas à une époque où les parents se débrouillaient comme ils le pouvaient. Tout dépend à qui vous vous adressez.

Quoi qu'il en soit, le corps fragile de votre bébé a pu être poussé, tiré et tordu au moment de l'accouchement, ce qui a pu lui occasionner des tensions et une gêne compréhensible. En toute objectivité, vous seriez vous aussi irrité si l'on vous tirait la tête la première à travers un passage étroit et vous risqueriez de vous plaindre.

Ne pouvant se plaindre, votre bébé choisit la seule option qui s'offre à lui : il pleure, longtemps et fort, jusqu'à ce que vous agissiez. Si vous êtes enclin à le faire, vous pouvez avoir recours à un ostéopathe qualifié, dont les mains expertes se chargeront d'éradiquer les tensions provoquant l'inconfort. Pour ce faire, il applique une pression très légère mais très contrôlée sur le corps de votre bébé afin de sentir ces tensions qui provoquent la douleur, puis les libère doucement à l'aide de techniques que je ne prétends même pas comprendre.

Tout ce que je sais, c'est que l'on constate que de nombreux bébés dorment beaucoup mieux après ce traitement, ce qui permet aux parents de mieux dormir en retour – la preuve que l'argent n'a pas été inutilement dépensé. En revanche, on constate aussi que de nombreux bébés ne dorment pas mieux après, et que le débat n'a toujours pas été tranché.

Ils sont passés par là... (et ont survécu !)
Suivez votre instinct

J'étais sous le choc lorsque nous avons eu notre premier bébé. Je savais qu'il était arrivé quelque chose d'absolument incroyable mais j'étais vraiment dans un état second. Le plus difficile pour moi était les nuits sans sommeil, en essayant de travailler et sans avoir la moindre idée de ce que j'étais censé faire avec un nouveau-né. Je veux dire, qu'est-ce qui est un comportement « normal » pour un nouveau-né ? Je, enfin nous, n'en avions vraiment aucune idée. Heureusement, on apprend très vite en écoutant son instinct. Je n'étais pas non plus préparé à leur vulnérabilité ni à leur dépendance, mais on apprend vite qu'ils sont étonnamment résilients. Le meilleur conseil que je puisse vous donner est de garder en tête de profiter de vos bébés car ils sont absolument incroyables et grandissent trop vite.

MARTIN T., PAPA D'EMILY,
BERTIE ET RUPERT

MALADIES ET AFFECTIONS

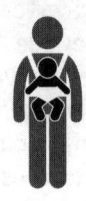

Les maladies courantes et affections susceptibles de déranger votre bébé au cours de la première année...

Votre bébé va tomber malade. Tout comme les impôts ou la pluie imminente, vous ne pourrez pas faire grand-chose pour l'empêcher. Et la raison est simple : à sa naissance, votre bébé est protégé par une immunité particulière, sorte de champ de force digne d'un superhéros pour lutter contre les bactéries et les virus. Ce don, qu'il a reçu au cours de ses derniers mois dans l'utérus, perdure s'il boit du lait maternel – une ruse de la nature pour le protéger des maladies et malheurs du monde extérieur dégoûtant, jusqu'à ce que son système immunitaire soit au point.

Malheureusement, au bout de quelques semaines, cette cape magique d'invincibilité perd son pouvoir et l'expose à un large éventail d'affections et de maladies. Certaines sont anodines, d'autres mériteront une visite chez le médecin ou à l'hôpital. Ce qui est compliqué est de savoir quelle posture adopter.

Nous avons compris dès le début, au sein de notre cercle de nouveaux parents, que la maman et le papa ont souvent des points de vue très différents en ce qui concerne la maladie. Alors que les mamans s'inquiètent rapidement du moindre postillon ou de la plus petite tache rouge comme le premier signe d'une maladie mortelle nécessitant des soins médicaux d'urgence, la plupart des papas haussent souvent les épaules en proposant de « garder un œil dessus ».

Les deux approches sont assez complémentaires. La maman, qui est en permanence en état d'alerte élevé, tutoie la standardiste des services d'urgence, tandis que le papa a un jugement plus optimiste et équilibré, même s'il n'a strictement aucune formation médicale. En conséquence, l'évaluation intermédiaire devrait tomber à peu près juste.

Cela dit, un petit aperçu des maladies et affections les plus courantes que vous rencontrerez probablement au cours de la première année ne peut pas faire de mal, alors le voici, en commençant par une donnée et un avertissement :

36,9 °C

C'est la température normale d'un bébé en bonne santé. Mais étant donné que le chiffre varie légèrement en fonction de la personne interrogée, prenez la température de votre bébé lorsqu'il est heureux et qu'il se sent bien, et servez-vous-en de référence.

ATTENTION !
Sachez reconnaître vos limites

Il va sans dire que si vous avez un doute au sujet d'une maladie, affection, voire blessure, appelez le médecin ou les urgences le plus tôt possible. En dehors de ces cas, si votre bébé incorpore le « parcours de santé », vous aurez régulièrement à prendre des rendez-vous avec toutes sortes de médecins, infirmières et professionnels de santé. Tout désagrément devrait être repéré assez rapidement, même si la vigilance des parents est nécessaire.

RHUME

Symptômes : Le rhume, pour lequel il n'y a pas de remède, est si courant que vous allez vite vous habituer à voir un épais mucus sortir du nez de votre bébé.

Cause : Il s'agit généralement d'une infection virale bénigne qui provoque le gonflement des membranes du nez et des voies respiratoires et donc la production de morve.

Traitement : La vapeur peut aider à le décongestionner et lui permettre de mieux respirer. Une méthode consiste à faire couler de l'eau très chaude de la douche, de laisser la pièce se remplir de vapeur et de vous asseoir avec votre bébé dans la salle de bains (pas dans la douche) pendant quelques minutes. Quelques gouttes de menthol ou d'eucalyptus sur sa literie lui feront aussi du bien. En cas d'échec et s'il a moins de 3 mois, appelez le médecin. Si cela ne donne rien, mais qu'il a plus de 3 mois, attendez quelques jours avant de l'appeler, sauf si le mucus devient plus jaune et plus épais, ou s'il a du mal à respirer, s'il a de la fièvre, ou si ses lèvres ou ses ongles bleuissent.

CONJONCTIVITE

Symptômes : Le blanc de l'œil de votre bébé devient rouge et enflammé. Cela commence par un œil, puis se propage à l'autre. Les yeux coulent plus que d'habitude, sont tuméfiés ou enflés et une substance qui ressemble à du mucus épais apparaît au coin des yeux lorsqu'il se réveille.

Cause : C'est une inflammation de la conjonctive de l'œil – la conjonctive étant la peau épaisse qui recouvre le blanc de l'œil. Il existe plusieurs causes à la conjonctivite mais elle est très probablement due à une bactérie ou à un virus.

Traitement : La plupart des gens ne s'en occupent pas et espère que cela guérira tout seul. C'est souvent le cas car les larmes de votre bébé contiennent des produits chimiques qui combattent l'infection, mais cela peut prendre quelques semaines. Comme pour tout ce qui est médical, il vaut mieux vérifier avec votre médecin pour vous assurer qu'il n'y a rien de plus grave et vous faire prescrire les bonnes gouttes. Comme c'est très contagieux, lavez-vous régulièrement les mains, à moins que vous n'ayez envie de l'attraper vous-même.

Mieux vaut prévenir que guérir

Ne donnez jamais à votre bébé un médicament dont vous n'êtes pas sûr ou qui n'a pas été approuvé par le médecin. L'aspirine, par exemple, ne doit jamais être administrée à un bébé car elle peut provoquer le syndrome de Reye, une maladie potentiellement mortelle. Revérifiez toujours avant de donner quelque chose à votre bébé et respectez strictement la posologie.

CONSTIPATION

Symptômes : Votre bébé cesse subitement de faire aussi régulièrement qu'il en a l'habitude – moins de 3 couches remplies par semaine sont source de préoccupation. Cela peut être accompagné d'une perte d'appétit et/ou d'un abdomen dur.

Cause : Il y a probablement un blocage provoqué par des selles volumineuses. C'est plus fréquent chez les bébés nourris au biberon et peut souvent être causé par un mauvais dosage ou un changement de marque de lait.

Traitement : Vous seul pouvez décider si le niveau d'inconfort nécessite d'appeler immédiatement le médecin. Si votre bébé prend du lait infantile et que vous soupçonnez un léger blocage sans problème sous-jacent, donnez-lui de l'eau plate (bouillie et refroidie) entre les repas. Vérifiez les dosages du lait. Et essayez ce truc pour dégager les selles : faites-le pédaler doucement vers l'avant ou vers l'arrière – le mouvement permet souvent de défaire le blocage.

Attention : Si vous remarquez du sang dans sa couche ou soupçonnez une constipation sévère avec des douleurs importantes, appelez le médecin.

DIARRHÉE

Symptômes : C'est officiellement de la diarrhée si les selles sont plus fréquentes et plus liquides que d'habitude. Elle peut s'accompagner de vomissements et de fièvre. La couleur et l'odeur seront sensiblement différentes (voir page 178 pour plus de détails).

Cause : Généralement due à un virus, elle peut aussi être causée par une intolérance au lait ou une résistance aux antibiotiques.

Traitement : Dans les cas simples, les selles se raffermissent dans les 48 heures. Si ce n'est pas le cas, ou si votre bébé montre des signes de déshydratation, consultez le médecin. (Parmi les symptômes de déshydratation, on observe des couches non mouillées, une léthargie, des yeux secs, une sécheresse de la bouche et une fontanelle creusées. L'apport d'eau bouillie refroidie entre deux biberons composés pour moitié de lait et pour moitié d'eau permet d'éviter la déshydratation.)

Attention : *Contactez le pédiatre s'il y a du sang dans les couches, si votre bébé a une forte fièvre ou semble avoir mal.*

Les fontanelles

Ce qui ressemble à un groupe de musique des années 1950 correspond en fait à deux zones sur la tête d'un nouveau-né. Les os du crâne de votre bébé n'étant pas encore soudés, il y a deux zones molles, l'une sur le devant de la tête et l'autre à l'arrière : ce sont les fontanelles. Elles se referment naturellement au bout de respectivement 6 semaines et 18 mois, et il ne faut en principe pas s'en inquiéter.

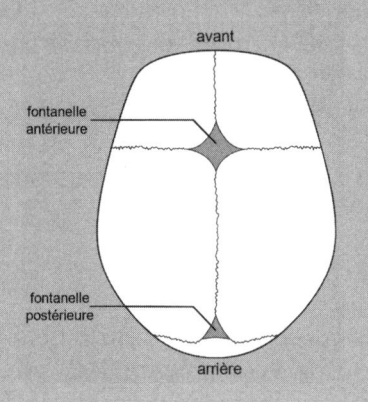

FIÈVRE

Symptômes : Votre bébé est tellement chaud que vous pourriez faire cuire des œufs sur son visage. Les bébés sont souvent chauds, mais une fièvre peut atteindre des extrêmes déconcertants. Une température supérieure à 37,5 °C est considérée comme de la fièvre.

Cause : Votre bébé peut être déshydraté ou trop chaudement vêtu. Il peut aussi avoir contracté un virus, et son système immunitaire fait alors monter la chaleur pour le combattre.

Traitement : Si la température est douteuse, retirez-lui des vêtements, rafraîchissez la pièce en ouvrant une porte ou une fenêtre, et empêchez-le de se déshydrater. À partir de 3 mois, une dose de paracétamol pour nourrisson peut soulager un bébé. En revanche, consultez un médecin si votre bébé :
- a moins de 3 mois et que sa température dépasse 38 °C ;
- a entre 3 et 6 mois et qu'il a 39 °C ou plus ;
- a plus de 6 mois, de la fièvre et présente d'autres signes, par exemple qu'il est mou ou somnolent.

OTITE

Symptômes : Cela commencera probablement par une toux ou un écoulement nasal, suivi de fièvre 3 à 5 jours plus tard – le schéma classique d'une otite. Votre bébé peut aussi se réveiller la nuit, mais refuser le biberon, repoussant son lait, souffrant apparemment, étant acariâtre, refusant de se coucher à plat et étant juste patraque. Cela peut être tous ces signes, mais il y en a tellement qu'ils peuvent être difficiles à repérer. Les otites sont très fréquentes chez les bébés, en particulier l'hiver.

Cause : Très probablement un rhume aura fait gonfler l'oreille moyenne de votre bébé et provoqué un inconfort important en raison du fluide piégé et dans lequel les bactéries et les virus peuvent faire leur sale boulot. Cela peut être dû également à une mauvaise technique d'alimentation, à de la poussière dans la pièce ou de la fumée de cigarettes d'adultes irresponsables.

Traitement : Heureusement, la plupart des otites disparaissent au bout de 3 ou 4 jours. Toutefois, si vous êtes inquiet, consultez votre médecin, et il ou elle lui prescrira peut-être des antibiotiques à action rapide.

REFLUX GASTRO-ŒSOPHAGIEN

Symptômes : Ils sont nombreux, comme le rejet de nourriture (souvent quelques heures après avoir été nourri), des pleurs fréquents, un sommeil perturbé, un état irritable et le refus de s'alimenter. Parmi les signes révélateurs, le bébé pousse sur ses jambes et se cambre pendant ou après un repas.

Cause : De l'acide contenu dans l'estomac de votre bébé remonte dans son œsophage et provoque toutes sortes de gênes. Ceci est courant jusqu'à environ 7 mois, mais on le confond souvent avec des coliques (voir page 95).

Traitement : Nourrissez moins votre bébé, mais plus souvent et en position verticale, car cela réduit le reflux et augmente la production de salive, neutralisant l'acide gastrique et lubrifiant la paroi œsophagienne. Appelez le médecin si ça ne marche pas ou si votre bébé souffre trop. Et accrochez-vous : la situation devrait s'améliorer au fur et à mesure que votre bébé passera à une alimentation solide.

VOMISSEMENTS

Symptômes : Le contenu de l'estomac de votre bébé surgit sans crier gare, et il ne s'agit pas d'une simple régurgitation (voir page 156).

Cause : Si cela se produit juste après manger, il se peut que vous ayez tout simplement suralimenté votre bébé, ou que vous l'ayez fait sauter sur vos genoux trop tôt après l'avoir nourri. Si ce n'est pas le cas, cela peut être le résultat d'un rhume, une réaction à un aliment ou à un microbe ou une infection, notamment s'il a côtoyé d'autres bébés.

Traitement : Un vomi rapide n'est pas inquiétant si votre bébé semble en bonne santé et s'alimente comme d'habitude. Cela devrait passer en moins de 24 heures. Si c'est le cas, le niveau d'alerte peut passer de rouge à jaune. La situation est plus préoccupante si cela ne passe pas au bout

de 24 heures ou est combiné avec l'un des symptômes suivants :
- des nausées sont violentes ;
- des nausées accompagnées de fièvre – de mollesse, somnolence, irritabilité et perte d'appétit ;
- des signes de déshydratation – bouche sèche, couches nettement moins mouillées que d'habitude. Essayez autant que possible d'hydrater votre bébé, car ce qui sort devra être remplacé.
- une respiration difficile ;
- le vomi est strié de rouge ou vert car il rejette du sang ou de la bile ;
- sa fontanelle est creusée (voir page 111).

Si ces symptômes ne passent pas dans les 24 heures, ou si vous voulez simplement être rassuré, appelez votre médecin dès que possible.

MÉNINGITE ET SEPTICÉMIE

Symptômes : Ces maladies sont redoutées par tous les parents, ce qui est compréhensible, car elles peuvent toutes les deux être mortelles si elles ne sont pas prises en charge rapidement. Les symptômes peuvent être les mêmes – pâleur, peau tachetée, lèvres bleues, mains et pieds froids malgré une forte fièvre qui ne baisse pas (39 °C et plus) et les pleurs étrangement aigus de votre bébé. Une septicémie peut entraîner une éruption rouge ou violette, avec de petites taches qui s'étalent ensuite et ressemblent à des ecchymoses.

Cause : Habituellement, une infection bactérienne ou virale pour la méningite, une infection du sang pour la septicémie.

Traitement : Consultez un médecin le plus vite possible.

AUTRES CAS

Les symptômes suivants sont largement considérés comme étant suffisamment graves pour qu'il faille consulter d'urgence :

- des cris sensiblement différents – qu'ils soient aigus, faibles ou incessants ;
- une léthargie notable, une somnolence ou une perte d'énergie, notamment si votre bébé ne répond pas, semble mou ou lutte pour rester éveillé ;
- une fontanelle creusée, devant ou derrière (voir page 111) ;
- votre bébé refuse d'absorber de fluides pendant plus de 8 heures. C'est plus préoccupant que de ne pas manger ;
- des vomissements répétés ou contenant de la bile ;
- une température supérieure à 38 °C si votre bébé a moins de 3 mois, plus de 39 °C s'il a entre 3 et 6 mois, et au-dessus de 40 °C s'il a plus de 6 mois ;
- une température élevée associée à des pieds et des mains froids ;

- si votre bébé pâlit, devient bleu ou si des boutons apparaissent. Une éruption cutanée rouge pourpre partout sur le corps peut être un signe de méningite.
- une respiration irrégulière rapide ou une suffocation. Vérifiez que votre bébé n'a rien avalé qui risque de l'étouffer.

Qui appeler ?

Pour une petite inquiétude : Appelez votre médecin. En cas d'absence, contactez les urgences.

Pour une inquiétude croissante : Vous pouvez contacter le service des urgences de l'hôpital le plus proche en cas de forte fièvre, de léthargie malgré la prise de médicaments, de difficultés respiratoires, de douleurs abdominales sévères ou de situations d'urgence telles que des coupures dangereuses ou des fractures.

Pour une inquiétude importante : Appelez une ambulance si votre bébé a du mal à respirer, a cessé de respirer, ne se réveille pas, est inconscient ou ne comprend pas tout ce qui se passe, ou s'il a fait une quinte de toux sans raison, même s'il semble récupérer. Toutes ces situations sont à traiter comme une urgence absolue.

IMMUNISATION

À différentes étapes de la première année de votre bébé, le médecin le vaccinera à l'aide d'une aiguille et lui inoculera plein de terribles maladies, dont la diphtérie, le tétanos, la coqueluche, la poliomyélite et la méningite. Ce n'est pas aussi mauvais que cela peut paraître : ces vaccins, qui contiennent une petite dose de la maladie, stimulent le système immunitaire de votre bébé qui va commencer à produire des anticorps pour les combattre. Cela fera pleurer votre bébé, ce qui pourrait vous faire pleurer, mais la dose le protégera en cas d'exposition à cette maladie, et il vaut mieux donc le faire. Les vaccins se font tôt – généralement dès les deux premiers mois. Prenez contact avec votre médecin pour convenir d'un rendez-vous.

Remarque : *Il est possible que votre bébé ait un peu de fièvre après avoir été vacciné. C'est parfaitement normal ; c'est la fièvre post-immunisation. Il peut être soulagé par une dose de paracétamol pour nourrisson.*

Solidarité virale

Au cours des premiers mois, dans un acte de grande solidarité avec votre bébé, chaque fois qu'il attrapera une maladie vous finirez souvent par l'attraper vous-même. C'est en tout cas ce qui s'est passé pour moi et pour tous les autres pères que je connais – nous avons tous été plus malades qu'avant d'avoir nos bébés, surtout lorsqu'ils sont entrés en crèche et ont commencé à traîner avec d'autres petits porteurs de virus. Curieusement, les mamans attrapaient rarement quelque chose, mais les hommes tombaient comme des mouches. Comme avec une grosse grippe contre laquelle on ne peut pas lutter.

C'est étrange car contrairement au système immunitaire de votre bébé, le vôtre devrait être en place et fonctionner correctement pour pouvoir combattre toutes les maladies qui se prennent d'affection pour vous. Je devine que les niveaux élevés de stress et la privation de sommeil nous fragilisent, mais n'ayant aucune formation médicale, je ne peux expliquer pourquoi les mamans semblent plus à l'abri. Je peux en revanche proposer une solution : pour éviter d'attraper quoi que ce soit de votre bébé, il vous suffit de déménager les deux premières années de sa vie et de communiquer uniquement par lettre. Trop extrême ? Alors évitez simplement les baisers, les câlins et tout autre contact étroit avec lui entre 5 mois et 2 ans. Non ? Encore trop radical ? Alors, acceptez de tomber malade. Laissez tomber, arrêtez de vous plaindre et espérons que votre patron soit aussi un papa – un grand avantage lorsque vous êtes constamment malade.

Ils sont passés par là… (et ont survécu !)
Acceptez le chaos

La plus grande surprise de la parentalité fut pour moi la perte quasi totale de loisirs ou de temps pour soi. Et je ne vous parle pas de passer 4 heures au golf, mais simplement de boire une tasse de café pendant qu'il est encore chaud ou autre basique que vous prenez pour acquis. Tout passe après votre bébé, et vous devez vous adapter.

Le simple fait de sortir de la maison était difficile, en termes de planification requise avant même d'entrer dans la voiture ou d'être prêt à marcher dans la rue. Le secret est d'avoir le bon timing – le bébé a-t-il mangé ? Est-il prêt à partir ? Fait-il la sieste ? Avons-nous tout ce qu'il faut ? Du lait ? Un goûter ? De l'eau ? Des couches ? Des lingettes ? Des vêtements de rechange pour lui ? Pour vous ? Une tétine ? Une tétine de secours ?… C'est épuisant.

Ne stressez pas trop si tout ne va pas comme sur des roulettes les six premières semaines. Le chaos est inévitable. Acceptez que votre vie soit chamboulée quelque temps. C'est une phase et cela ne durera pas. Les choses seront structurées au bout de quelques mois et après un an, tout sera devenu beaucoup plus facile.

KEVIN H., PAPA DE JOSEPH ET ESME

AFFECTIONS COURANTES

Les affections suivantes ne sont pas suffisamment graves pour figurer parmi les « maladies » même si certaines risquent pourtant de vous inquiéter.

Jaunisse

Si la peau de votre bébé est un peu jaune durant les premiers jours, il s'agit probablement d'un ictère causé par l'accumulation de bilirubine dans le sang – la bilirubine étant une substance jaune produite lors de la destruction des globules rouges. La jaunisse est fréquente chez les nouveau-nés, qui possèdent un niveau élevé de globules rouges. Or ceux-ci sont fréquemment décomposés et remplacés. Par ailleurs, le foie, n'étant pas complètement développé à la naissance, est donc moins efficace pour éliminer la bilirubine. La bonne nouvelle, c'est que la jaunisse passe habituellement toute seule en quelques jours, même si cela peut s'aggraver avant d'aller mieux. Le lait (maternel ou maternisé) aide le bébé à éliminer la bilirubine. Demandez à votre sage-femme ou à un médecin si vous êtes concerné.

Acné du nourrisson

Au cours de la 4e ou de la 5e semaine, des boutons risquent d'apparaître sur le visage de votre bébé. Rien d'inquiétant à ce phénomène probablement dû à une hyperactivité des glandes sébacées de la peau. Cela passera sacrément plus vite que ses boutons d'adolescent… Vous pouvez accélérer le processus en lavant délicatement le visage de votre bébé tous les jours à l'aide d'un savon très doux.

Érythème fessier

Cette affection est naturellement courante au cours des douze premiers mois. Si vos fesses devaient mariner toute la journée dans de grandes couches fermées pleines de pipi et de caca, votre peau fragile risquerait aussi de s'irriter. Ainsi, la peau des fesses de votre bébé peut parfois devenir rouge et douloureuse si elle est très sensible, voire allergique à un savon ou une lessive. Le mieux à faire est de changer souvent la couche afin que votre enfant ne reste pas souillé trop longtemps. Un nouveau-né urine toutes les 20 minutes, puis une fois toutes les heures à 6 mois. Même si, heureusement, les couches modernes sont conçues pour limiter les fuites, sachez, à titre indicatif, que vous devrez changer de couche environ douze fois par jour au cours des premiers mois. Nettoyez la zone irritée à l'eau claire et laissez votre bébé les fesses à l'air autant que faire se peut, afin que l'irritation disparaisse rapidement. Enfin, pour accélérer le processus, appliquez une pommade apaisante aux endroits douloureux. Si l'érythème ne disparaît pas après tout cela, voire qu'il s'aggrave en se propageant dans les plis de la peau, c'est qu'il s'agit peut-être d'une infection fongique plus grave. Consultez le médecin pour qu'il vous prescrive une pommade spéciale antifongique.

Croûtes de lait

Vous connaissez sans doute cette affection appelée dermatite séborrhéique. La tête de votre bébé est rouge et pèle, comme s'il avait beaucoup de pellicules. À moins de prendre une forme particulièrement grave, cela ne risque rien. La plupart des cas passent naturellement au bout de la première année, mais des accès plus forts peuvent perdurer. Il existe des shampooings anti-séborrhéiques, mais je parle d'expérience lorsque je dis qu'aucun n'a marché. Une terrible croûte a envahi la tête de mon fils, mais aucun des shampooings que nous avons essayés n'a eu d'effet. Un très bon médecin nous a suggéré de lui masser le cuir chevelu avec une goutte d'huile d'olive avant de lui donner son bain, de lui laver ses cheveux comme d'habitude, puis de passer doucement un peigne fin sur la peau qui se décolle. Ce fut une merveille ! Il a désormais une crinière si brillante qu'il ne serait pas étonnant qu'il remporte un prix.

Poussées dentaires

Dès 3 mois (et n'importe quand la première année), les premières dents de votre bébé percent ses gencives. Comme vous pouvez l'imaginer, cela fait mal et provoque la colère de votre bébé jusqu'à ce que ses 20 dents de lait aient toutes percé, ce qui peut le faire souffrir pendant deux années difficiles. Les signes sont généralement assez évidents : des gencives rouges et irritées, des joues empourprées, une salivation abondante, l'envie de mordre tout ce qu'il peut, des cacas plus liquides et éventuellement de la fièvre.

Les parents redoutent généralement cette période car les bébés pleurent souvent beaucoup. Cependant, c'est parfois moins les dents qui le font pleurer que toutes les maladies connues de l'humanité qu'il attrape du fait que votre bébé (qui a désormais dans les 6 mois) commence à perdre l'espèce d'immunité magique dont il bénéficiait depuis sa naissance. Vous seriez vous aussi furieux si vous vous sentiez patraque et que vos gencives explosaient.

Il existe toutefois divers moyens de le soulager. Le truc le plus simple est l'anneau de dentition rempli d'eau : on l'entrepose au réfrigérateur pour le refroidir, après quoi bébé peut le mordiller, et le froid anesthésie un peu sa douleur. Lui faire boire de l'eau froide soulage aussi et contribue à réhydrater votre bébé s'il bave trop, ce qui est très fréquent lorsque les bébés font leurs dents. Vous pouvez aussi le soulager en trempant votre doigt dans l'eau froide et en lui massant les gencives, comme Tony Montana le faisait dans *Scarface*. Il existe aussi, en homéopathie, des granules destinés à soulager ces épisodes douloureux.

Sirop au paracétamol

Si votre bébé souffre vraiment, qu'il n'est pas bien, et que vous avez demandé son avis au médecin, vous pouvez peut-être lui administrer une dose d'analgésique à base de paracétamol. Indiqué en cas de mal de tête, rage de dents, poussée dentaire, maux de gorge, rhume, grippe, fièvre, ce médicament à la saveur fruitée est généralement conditionné en flacon. Lisez toujours la notice afin de vérifier le bon dosage et surtout, utilisez-le avec parcimonie.

L'HYGIÈNE
(COMMENT LAVER UN BÉBÉ)

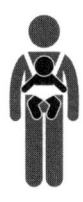

Quand peut-on baigner un bébé ?
Plus tôt que vous ne le pensez...

Votre nouveau-né peut prendre un bain dès que son cordon ombilical est cicatrisé (voir page 134) – et dès que vous avez le courage de le mettre dans l'eau. Plus tôt vous le ferez, plus vite il sera à l'aise dans l'eau et arrêtera de crier chaque fois que vous le mouillez.

La bonne nouvelle, c'est que vous n'êtes pas obligé de le baigner tous les jours, sauf si vous en avez le temps ou que votre bébé ne sent vraiment pas bon en début de soirée. Quand votre bébé commence à ramper – et est donc susceptible de se salir davantage – il doit être baigné quasiment chaque soir.

Les parents malins comme vous tireront parti du bain et l'introduiront dans le cadre du rituel du coucher. Un bon bain peut aider votre bébé à se détendre avant de s'endormir, en l'aidant à évacuer ses gaz. Lui donner un bain est donc une bonne chose. Mais il y a des règles.

ATTENTION !
On se lave les mains !

Avant de parler de la toilette de votre bébé, faisons rapidement le point sur votre propre niveau d'hygiène, et plus précisément sur le fait que lorsque vous sortez des toilettes, vous ne vous lavez peut-être pas toujours les mains après. Vous étiez occupé et, soyons honnêtes, quelques germes ne vous tueront pas. Mais en tant que jeune papa, vous devez désormais changer ceci. Le système immunitaire de votre bébé est faible, et les germes présents sur vos mains risqueraient de le rendre malade. Prenez l'habitude de vous laver soigneusement les mains chaque fois que vous sortez des toilettes. Appliquez une crème hydratante pour les empêcher de se fissurer et de saigner maintenant que vous les lavez fréquemment, séchez-les et, pourquoi pas, mettez un peu de désinfectant. 2 minutes plus tard, lavez-les et recommencez depuis le début. Parce qu'on n'est jamais trop sûr. Ou trop paranoïaque…

LE BAIN DU BÉBÉ

Il ne faut jamais bâcler le bain de votre bébé. Ne baignez jamais votre enfant tout de suite après la tétée ou le biberon, car il n'est jamais facile de sortir de l'eau un bébé et il est préférable que votre enfant soit éveillé et de bonne humeur. S'il ronchonne déjà, vous n'avez pas intérêt à vous tromper de gant de toilette sous peine d'aggraver sa mauvaise humeur.

La pièce dans laquelle vous baignez votre bébé doit être chaude pour qu'il ne grelotte pas, et l'atmosphère doit être détendue, confortable, accueillante. Comme pour tout, le secret réside dans la préparation et si vous avez tout ce qu'il vous faut à portée de main, vous serez moins susceptible de tâtonner au moment de laver bébé. D'après moi, voici ce dont vous aurez impérativement besoin :

KIT DE BASE

- **Une baignoire (ou une grande bassine) remplie d'eau tiède.** Prévoyez 10 cm d'eau à 37 °C (la même température que son corps). Vous n'êtes pas obligé d'avoir un thermomètre : fiez-vous à votre jugement et vérifiez la température avec le coude.
- **Du savon pour bébé et, si vous vous en servez, du shampooing.** Sachez que même un savon doux pour bébé peut dessécher la peau d'un nouveau-né, donc utilisez-le avec parcimonie.
- **Une éponge ou un gant de toilette,** voire les deux.
- **Deux serviettes douces et chaudes,** de préférence avec une capuche pour l'une d'entre elles.
- **Des crèmes et des pommades,** en cas d'érythème fessier.
- **Une couche propre et des vêtements appropriés.**

Et lorsque tout est à portée de main...

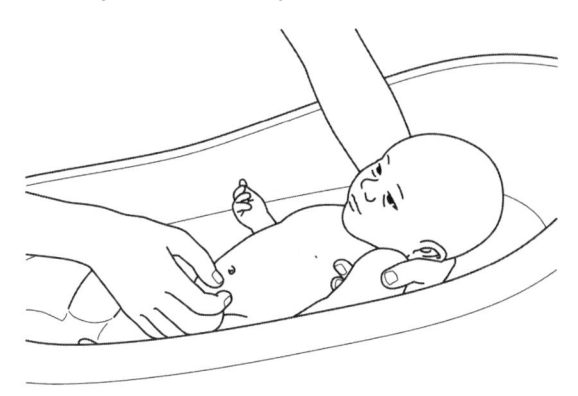

1. Déshabillez votre bébé, mais laissez-lui sa couche. Il est plus facile de commencer par lui laver les cheveux avant de le plonger dans le bain. Enveloppez-le dans une serviette, et ayez-en une autre pour lui sécher les cheveux après le shampooing.

2. Calez votre bébé sous votre bras, son visage regardant vers le haut et son corps légèrement incliné vers le bas afin que l'eau ne coule pas dans ses yeux. Avec votre main libre, versez un peu d'eau sur sa tête, puis lavez-la doucement avant de la sécher avec la serviette.

3. Retirez la serviette, enlevez la couche en essuyant toutes les souillures qui s'y trouvent, puis placez un bras sous le dos de votre bébé afin qu'il ait la tête et le dos tournés vers le haut et qu'il soit calé contre votre bras, entre le coude et le poignet. Votre main doit avoir

une prise ferme sur le bras opposé du bébé. De votre main libre, soutenez-lui les fesses et les jambes et bercez-le doucement dans l'eau.

4. Soutenez bien votre bébé aux endroits stratégiques (principalement la nuque et la tête) et dites-lui des mots doux et encourageants, surtout si c'est son premier bain. Il se peut qu'il braille et trouve la situation très perturbante.

5. De votre main libre, lavez votre bébé en douceur, en partant des zones les plus propres et en allant vers les parties les plus sales, pour empêcher que la saleté ne se propage. Évitez de mouiller la zone du nombril.

6. Lorsque votre bébé est tout propre, sortez-le habilement de l'eau, puis placez-le sur une des serviettes que vous avez mises juste à côté de la baignoire. Vérifiez qu'il se trouve sur une surface stable et n'essayez jamais de tenir et de sécher un bébé humide au-dessus du sol ; il peut être aussi glissant qu'un poisson, et le risque qu'il vous échappe est élevé.

7. Enveloppez votre bébé au chaud et tamponnez-le délicatement pour le sécher. Habillez-le et hochez la tête avec satisfaction en disant à votre bébé qu'il sent meilleur qu'il y a 5 minutes. Très bien joué.

ATTENTION !

La règle n° 1 du Club de la Baignade est aussi la plus importante : **NE LAISSEZ JAMAIS VOTRE BÉBÉ SEUL.** Jamais, au grand jamais. S'il faut vous expliquer pourquoi cette règle est importante, c'est que vous n'êtes peut-être pas prêt pour le rôle de parent. Ne l'apprenez pas à vos dépens.

La règle n° 2 est de ne jamais essayer de nettoyer le prépuce d'un garçon, la peau restant collée au zizi pendant plusieurs mois. Tirer dessus provoque une grande douleur.

La règle n° 3 est de toujours laver ou essuyer une petite fille de l'avant vers l'arrière, jamais l'inverse, afin d'éviter la propagation des bactéries.

La quatrième et dernière règle du Club est bien sûr de ne jamais lui mettre la tête sous l'eau.

LA TOILETTE DE BÉBÉ

Vous pouvez acheter la dernière baignoire ergonomique dont il est scientifiquement prouvé que la couleur possède un effet calmant sur le yin et le yang d'un nouveau-né, livrée avec un thermomètre, une cuvette supplémentaire, un canard en caoutchouc gratuit et un ravissant petit peignoir monogrammé muni d'une capuche. Sinon, vous pouvez simplement acheter une bassine en plastique à 1 € ou le baigner dans l'évier. Tant que la « baignoire » retient l'eau et est propre et confortable pour votre bébé, tout va bien.

Le cordon ombilical

Le cordon qui reliait votre bébé à sa maman à l'intérieur de son utérus a été coupé à l'hôpital, laissant juste un petit moignon qui pend du nombril. C'est le cordon ombilical. Il ressemble un peu à de la viande séchée et n'aurait probablement pas un goût différent. Ne vous inquiétez pas si le moignon devient noir quelques jours après avoir été coupé ou s'il tombe complètement, ce qui se produira entre une semaine et un mois plus tard. La couleur noire est normale. Vous pouvez (et devez) accélérer la cicatrisation et prévenir l'infection en maintenant la zone sèche et bien aérée. Laissez-le à l'air en repliant la couche de votre bébé vers le bas, et évitez de mouiller la zone durant le bain. Et si l'endroit devient rouge, saigne ou émet une odeur inquiétante, recouvrez-le et appelez le médecin.

LINGETTES POUR BÉBÉ

Il existe toutes sortes de produits pour la toilette de votre bébé, des boules de coton aux mouchoirs pour peaux fragiles, en passant par les carrés de mousseline pour essuyer le vomi, la bave, les aliments, les boissons et la morve. Ils sont tous vivement recommandés car ils sont indispensables pendant les premiers mois.

Cependant, le meilleur produit que vous achèterez au rayon hygiène, ce sont bien sûr les lingettes pour bébé. Il s'agit, sans aucun doute, du produit le plus génial jamais créé, car elles nettoient tout. Non seulement les bébés et leurs petites fesses, mais aussi le rebord des sièges de toilettes, la poussière qui s'accumule désormais sur votre PlayStation, le vomi sur votre chemise, les taches de vin, cette paire de tennis grises qui étaient autrefois blanches, ainsi qu'un million d'autres choses.

Pour commencer, vous allez en acheter par nécessité. Mais même lorsque vous n'aurez plus besoin de nettoyer les fesses de vos bébés et qu'ils auront grandi et déménagé, vous continuerez d'acheter par kilo ces petites merveilles humides.

LA TOILETTE DE BÉBÉ

Lorsqu'il n'est pas nécessaire de donner un bain à votre bébé, une toilette vous permet de ne laver que ce qui doit l'être. Plus précisément, le visage, le cou et les fesses. Utilisez des boules de coton trempées dans de l'eau tiède – humides, jamais ruisselantes ; tiède, jamais chaude. Pour nettoyer les yeux, utilisez un coton propre et procédez du coin de l'œil vers l'extérieur. Puis jetez le coton et prenez-en un autre pour l'autre œil – le but est d'éviter la propagation des infections qui peuvent s'y nicher. Nettoyez les oreilles de la même façon, puis les plis autour du cou, là où la sueur peut s'accumuler. Remettez-lui ses vêtements et passez à la partie inférieure, nettoyez les fesses et les parties intimes avant de changer la couche et d'appliquer une crème si nécessaire.

LA MANUCURE DE BÉBÉ

Bien qu'étant presque entièrement émoussés, les ciseaux pour bébé permettent de parfaitement leur couper les ongles. En fait, les ongles de bébé sont si mous que l'on pourrait les couper avec un couteau à beurre. Pourtant, cela vaut la peine d'investir dans une paire de ciseaux pour bébé, car si ses ongles poussent trop, il risque de se griffer accidentellement le visage lorsque vous avez le dos tourné. Et comme il ne le sait pas et ne peut pas se couper les ongles lui-même, ce sera forcément de votre faute.

Ils sont passés par là… (et ont survécu !)
Montagnes russes

Les quatre premières semaines s'apparentent à des montagnes russes émotionnelles. Au début, on est émerveillé de découvrir le sentiment incroyable d'avoir simplement ramené son bébé sain et sauf à la maison. On le regarde, tout emmitouflé, toujours dans le siège de voiture ou sur le tapis du salon. Puis le choc s'insinue, ainsi que le sentiment d'être soudain pris au piège, en particulier les premières semaines, face à l'incapacité de prendre le large ou de faire quelque chose à tout moment. Il y a aussi l'anxiété la première fois que maman va au supermarché, en vous laissant avec le bébé – « Euh, ne sois pas trop longue, vérifie que ton téléphone n'est pas sur silencieux ». Sans compter que vous êtes maintenant sur la défensive. Pas trop de visiteurs à la fois – échelonnez les files d'attente et laissez la poussière s'accumuler un peu. Au fil du temps, lorsque vous serez plus confiant, ce sera moins un problème, mais au début il faut que vous soyez très protecteur. Mon principal conseil serait de profiter de chaque instant, car avant de pouvoir comprendre ce qu'il vous arrive, votre bébé aura déjà 16 mois, et vous vous demanderez comment le temps a pu filer à une telle vitesse.

STEVE P., PAPA DE SOPHIE

LE BIBERON

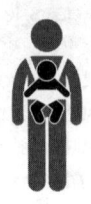

1 petit biberon,
1 milliard de règles très importantes...

En premier, je vous dois des excuses. Le chapitre que vous vous apprêtez à lire détaille tout ce que vous aurez envie ou besoin de savoir sur l'alimentation d'un nouveau-né – et peut-être plein d'informations dont vous n'aurez pas besoin. Mais étant donné que lorsque votre nouveau-né ne dort pas, il mange, on s'attaque à un gros truc. Il y a donc beaucoup de choses à voir...

À moins que vos seins d'homme ne produisent du lait, vous êtes susceptible de ne jouer qu'un rôle mineur dans l'alimentation de votre bébé durant les premières semaines si vous et la maman avez choisi l'allaitement au sein. Le nombre de biberons que vous allez réellement donner dépend de la capacité et de la volonté d'allaiter de la maman. Si elle produit suffisamment de lait, vous n'aurez pas vraiment votre mot à dire et risquez de vous sentir délaissé tandis que la mère et le bébé se font les yeux doux. Cela peut être difficile à gérer, jusqu'à ce que vous découvriez l'importance du lait maternel (page 158) et les autres manières de créer des liens avec votre bébé (page 35).

Mais si la maman de votre bébé ne peut ou ne veut pas allaiter, si votre bébé refuse de prendre le sein, si sa mère tire plusieurs biberons de lait maternel pour que vous nourrissiez votre bébé quand elle dort ou qu'elle n'est pas là, ou encore si elle n'a pas assez de lait, vous allez enfin pouvoir donner à manger à votre bébé.

Cela tombe bien, car vous aurez enfin l'impression de faire quelque chose de plus utile que de simplement préparer du thé, ranger et demander si tout va bien. Mais plus important encore, vous aurez l'impression de former une sorte de lien avec votre bébé. Et c'est le cas. Mais pas si vite, car si donner le biberon à un bébé n'est pas très compliqué, il y a un certain nombre de règles strictes à connaître avant de pouvoir prétendre être qualifié. Nous aborderons le sujet dans un ordre plus ou moins chronologique :

QUAND DOIS-JE NOURRIR MON BÉBÉ ?

La réponse courte est : chaque fois qu'il veut. Mais ce n'est pas toujours facile à déterminer. De manière générale, un bébé a besoin de manger peu mais souvent, comme un petit moineau.

Durant les premiers jours, attendez-vous à ce qu'il réclame du lait toutes les 2 ou 3 heures, puis toutes les 3 à 4 heures lorsqu'il est un peu plus grand. Pendant la première semaine, votre bébé aura besoin d'environ 60 à 70 ml par biberon ; entre 2 semaines et 2 mois, 75 à 105 ml par biberon ; et entre 2 et 6 mois, 105 à 210 ml par biberon. À 6 mois, il prendra 210 à 240 ml par biberon et sa consommation totale pourrait atteindre près de 900 ml par jour. Vous verrez qu'il mange assez en constatant qu'il grandit et mouille ses couches régulièrement. Rappelez-vous que ces chiffres sont purement indicatifs. De la même façon que votre appétit évolue, votre bébé ne prend pas exactement la même quantité à chaque biberon. Aussi, ne le forcez pas à finir. Lorsque vous commencerez à lui donner des aliments solides, sa consommation de lait réduira progressivement.

Comme nous l'avons dit précédemment, si un bébé ne dort pas, c'est probablement qu'il mange – et inversement. Retenez bien cela, car ces deux activités semblent revenir en boucle dans le « train-train » qui est désormais le vôtre.

C'est pourquoi il est plus important de mettre en place une routine solide pour le sommeil et de s'y tenir, plutôt que d'établir un programme d'alimentation en béton armé. Cela veut dire que vous devrez improviser de temps à autre. Si vous êtes en retard pour une raison quelconque ou si votre bébé commence à montrer les signes classiques de la faim, vous aurez besoin de réagir en conséquence et de ne pas vous conformer strictement à un calendrier fixe. Rappelez-vous qu'il n'est pas question de vous, mais de votre bébé.

Il est assez facile de reconnaître les signes d'un bébé affamé, pour peu que l'on sache ce qu'il faut chercher. Au réveil, votre bébé commence à bouger la tête et la bouche, à la recherche de quelque chose à sucer. Un test simple – et légèrement injuste – consiste à toucher du doigt sa joue – s'il se retourne et tente de le sucer, c'est qu'il a un petit creux et a besoin d'un biberon. On appelle cela le « réflexe d'enracinement ».

S'il est facile de repérer les signes, le faire rapidement et à temps devient plus délicat. Vous ne pouvez pas attendre que votre bébé pleure avant de vous apercevoir qu'il a faim – enfin, vous pouvez, mais il ne le faut pas – car il est alors trop tard. Pleurer est en général un signe de faim avancé, une sirène, un rappel furieux que vous avez oublié de faire correctement votre travail.

Pour garder une longueur d'avance, notez le schéma d'alimentation de votre bébé et soyez toujours attentifs aux signes de faim. Dans un premier temps, cela peut sembler confus, mais au bout de quelques jours, cela devient aussi naturel que de vous réveiller.

> **Nourrir bébé : quoi et quand ?**
>
> **De 0 à 4 mois :** Du lait, au sein ou en poudre.
> **De 4 à 6 mois :** Introduction des aliments solides, en général des fruits et légumes mixés en purée.
> **Dès 6-8 mois :** De vrais aliments solides, tels que des bâtonnets de carotte et du pain (selon le nombre de dents).

QUE DOIS-JE DONNER À MON BÉBÉ ?

Comme l'illustre l'encadré ci-dessus, le bébé se nourrit de lait, au sein ou maternisé, durant les quatre premiers mois. Le lait maternisé n'est pas le même que le lait de vache, mais une préparation en poudre plus complexe, vendue en boîte au supermarché, dans un rayon que vous n'aviez jamais fréquenté avant d'avoir un bébé.

La plupart des bébés adorent le lait maternisé premier âge à base de lait de vache. Conçu pour être digeste, il convient de la naissance à environ 1 an.

Après 1 an, le lait deuxième âge est censé être plus long à digérer. Vous pouvez passer au lait deuxième âge dès 4 semaines, si votre enfant est prêt, mais de nombreux bébés sont constipés si vous changez trop tôt, ce qui les fait pleurer.

Vous pouvez aussi donner à votre bébé du lait de vache frais après 1 an, mais ne brûlez pas les étapes, d'autant que ce lait ne contient pas les éléments nutritifs dont votre bébé a besoin.

COMMENT NOURRIR MON BÉBÉ (1ʳᵉ PARTIE : PRÉPARATION) ?

Comme le suggère la parenthèse, vous constaterez que vous ne pouvez pas vous précipiter en agitant du lait. En matière de biberon, la préparation est le nerf de la guerre. Le problème avec les petits bébés, c'est que leur système immunitaire ne fonctionne pas encore à pleine puissance, comme chez vous et moi – nous pouvons même manger de la nourriture qui est tombée au sol sans que cela ne soit grave, à condition de respecter la règle des 5 secondes.

Les bébés ne peuvent pas le faire car leur système immunitaire est en construction. Ainsi, ils ne peuvent pas lutter contre toutes les ignobles bactéries qui nous entourent. Il n'est pas rare que les laits en poudre, par exemple, contiennent ce genre de petites bombes qui peuvent engendrer des maladies et des infections.

La façon dont vous préparez le biberon de votre bébé est donc capitale : il vous faudra être très strict, voire psychorigide et stériliser tous les éléments de tous les biberons que vous utiliserez pour votre bébé.

Lorsque l'on parle de « stérilisation », il s'agit tout simplement de « nettoyer chaque biberon dans une solution ou un stérilisateur jusqu'à l'éradication de la dernière bactérie ». Ce n'est pas compliqué, juste ennuyeux car répétitif. Mais c'est un boulot qui en vaut la peine.

COMMENT STÉRILISER LES BIBERONS ?

Selon les spécialistes, les biberons et le matériel alimentaire doivent être stérilisés tout au long de la première année afin de réduire le risque de développement de germes responsables de vomissements et de diarrhées chez votre bébé.

Avant d'utiliser un nouveau biberon, celui-ci doit être stérilisé, puis nettoyé et encore une fois stérilisé après avoir servi et avant d'être réutilisé. Assurez-vous toujours d'avoir les mains propres au moment de manipuler le biberon de votre bébé, sinon la stérilisation n'aurait plus aucun sens.

Après avoir donné le biberon, votre réaction naturelle serait peut-être de vous asseoir, content de vous pour avoir correctement nourri votre bébé, qui n'a pas vomi en retour – un mélange de fierté et de soulagement. Prenez un moment pour vous féliciter, mais ne vous attardez pas trop longtemps, car les microbes se multiplient à un rythme effréné et plus longtemps vous laissez traîner un biberon vide ou à moitié vide, plus le risque que les germes s'y développent est élevé.

Lavez le biberon et stérilisez-le dès que possible. Nettoyez le biberon et la tétine à l'eau chaude et au savon, à l'aide d'un écouvillon propre, puis rincez tous les éléments à l'eau froide avant de commencer la stérilisation. Pour cela, trois méthodes passionnantes :

1. L'option facile : la stérilisation à froid

Il s'agit d'un récipient que l'on remplit d'eau froide du robinet et dans lequel on ajoute soit un liquide soit une pastille chimique, qui pétille et purifie l'eau. L'eau et la pastille doivent être changées toutes les 24 heures. Après avoir soigneusement nettoyé les biberons, les tétines et les bagues à l'eau chaude et au savon, en utilisant un écouvillon pour atteindre tous les recoins, rincez tous les éléments à l'eau froide du robinet avant de les immerger dans cette solution, en vérifiant qu'il n'y a pas de poches d'air. Placez le couvercle afin que les biberons restent immergés. Au bout de 30 minutes, tous les éléments sont parfaitement stériles. Laissez-les dans le stérilisateur jusqu'à leur prochaine utilisation.

2. L'option la moins chère : la stérilisation à la casserole

Comme son nom l'indique, cette méthode consiste à faire bouillir le biberon et les différents éléments dans une grande casserole d'eau, exterminant ainsi tous les germes avant que ceux-ci ne prolifèrent. Faites bouillir pendant environ 10 minutes, puis retirez délicatement de l'eau et reconstituez le biberon sur une surface propre. Même si vous ne prévoyez pas d'utiliser le biberon immédiatement, assemblez-le afin que l'intérieur ne soit pas contaminé. Une remarque cependant :

bien que cette option soit la plus simple et la moins chère, faire bouillir les éléments de manière répétée risque de les abîmer, et vous devrez alors les remplacer. Ce n'est donc pas forcément la solution la plus économique sur le long terme.

3. L'option la plus coûteuse et la plus élaborée : la stérilisation à la vapeur

C'est la méthode la plus moderne, c'est-à-dire la plus chère, mais aussi la plus simple. Un stérilisateur à vapeur est un appareil cylindrique qui fonctionne comme une station de lavage pour voiture. En principe*, on met un peu d'eau et plusieurs biberons dans l'appareil, ainsi que toutes les petites pièces, puis on ferme le couvercle et on « enfourne » le tout au micro-ondes (bien qu'il y ait aussi des modèles électriques) durant le temps indiqué sur le mode d'emploi. À l'intérieur, la chaleur et l'eau produisent de la vapeur, nettoyant les biberons que votre bébé pourra utiliser lors de son prochain repas. Les biberons resteront à l'intérieur jusqu'à ce que vous en ayez besoin et seront stériles pendant 24 heures.

* Je dis « en principe », car les stérilisateurs varient tellement d'un modèle à l'autre que les conseils ne peuvent s'adapter à tous les scénarios. Lisez toujours les instructions du fabricant avant de commencer, surtout celles en petits caractères.

COMMENT PRÉPARER LE BIBERON ?

Une fois que le biberon de votre choix a été stérilisé, vous êtes enfin prêt à entamer le processus d'alimentation.

Si le biberon contient du lait maternel, vous pouvez directement vous rendre au paragraphe « Comment nourrir votre bébé (2e partie) ? » à la page 150. Si vous devez remplir le biberon de lait maternisé, lisez ce qui suit.

En règle générale, vous devez maintenant ajouter de l'eau avec une précision quasi scientifique au lait maternisé en poudre, afin d'obtenir une boisson lactée nourrissante.

Suivez attentivement les instructions de quantité sur l'emballage – n'essayez jamais d'improviser avec les laits maternisés en poudre car un mélange inadapté risque de constiper et de déshydrater votre bébé.

Une fois que vous aurez déterminé la quantité de poudre et le volume d'eau nécessaires, la méthode est très simple :

Étape 1. Lavez-vous soigneusement les mains. Ensuite, lavez-les de nouveau afin d'ôter une éventuelle saleté persistante, ainsi que vos derniers doutes.

Étape 2. Remplissez la bouilloire d'eau fraîche et faites-la bouillir. (N'utilisez jamais d'eau en bouteille, sauf si vous n'avez absolument pas d'autre choix car elle contient trop de sodium, ce qui provoque un terrible inconfort.) Éliminez l'eau excédentaire du biberon et de la tétine que vous venez de sortir du stérilisateur. Retirez la tétine et placez-la sur le couvercle retourné du stérilisateur – ne la posez sur aucune autre surface – les germes se cachent partout.

Étape 3. Lorsque l'eau est bouillie, versez la bonne quantité d'eau (selon les instructions du fabricant) dans le biberon, vérifiez si le niveau est bon, puis ajoutez le lait en poudre. Plongez la cuillère-mesure sèche dans la boîte, arasez-la (certaines boîtes de lait sont munies d'un bord araseur) puis versez délicatement son contenu dans l'eau.

Étape 4. En tenant le bord inférieur de la tétine, qui n'entrera en contact ni avec la bouche de votre bébé ni avec le lait, fixez soigneusement la tétine dans la bague, puis vissez sur la bouteille. Mettez le couvercle/le capuchon sur la tétine et secouez comme un cocktail jusqu'à ce que la poudre soit totalement dissoute. Un petit conseil : si le biberon est livré avec un couvercle plat, utilisez-le (après l'avoir stérilisé) pour mélanger l'eau et la poudre et éviter que le lait ne bouche la tétine. Ensuite, retirez-le et fixez la tétine.

Étape 5. Comme vous ne pouvez évidemment pas donner de lait brûlant à votre bébé, refroidissez le biberon en passant la moitié inférieure sous l'eau froide du robinet. Laissez le couvercle pour être sûr que l'eau courante ne contamine pas la sacro-sainte tétine. Certains biberons intègrent des thermomètres pour simplifier cette étape, mais ce n'est pas le cas de la majorité.

Étape 6. Vérifiez la température de l'eau en déposant une goutte à l'intérieur votre poignet. Elle doit être tiède et non pas chaude. C'est pourquoi il ne faut jamais chauffer le lait au four à micro-ondes – le lait ne chauffe pas uniformément et même si la bouteille semble fraîche, son contenu peut être brûlant.

Étape 7. Enfin, lorsque le lait est à la température désirée pour votre bébé, donnez-le-lui sans attendre, avant que toutes les bactéries ne se multiplient et ne ruinent votre minutieuse préparation.

Remarque : Il est tout à fait possible de préparer plusieurs biberons en une seule fois et de les entreposer au réfrigérateur pour plus tard. Sachez que vous devrez néanmoins les utiliser dans les 24 heures. (Placés à température ambiante, ils doivent être consommés dans les 2 heures, 4 s'ils sont stockés dans un sac isotherme.) Gardez toutefois en tête que des bactéries risquent de se développer dans un biberon placé en dehors de son environnement stérile. Il est donc toujours préférable de garder les biberons au frais et de n'en prendre qu'un à la fois.

Autre remarque : Pour éviter d'avoir à faire bouillir l'eau et attendre qu'elle refroidisse, notamment la nuit, faites-la bouillir à l'avance et laissez-la refroidir à température ambiante ou entreposez-la au réfrigérateur.

COMMENT NOURRIR VOTRE BÉBÉ
(2ᵉ PARTIE : TECHNIQUE) ?

Nous voici enfin à l'étape du biberon en lui-même. C'est la partie que vous attendiez depuis plusieurs pages déjà. Désolé de vous avoir fait attendre, mais certaines choses ne peuvent être expédiées.

Lorsque vous donnez le biberon à votre bébé, l'objectif n'est pas qu'il finisse tout le lait – il ne s'agit pas d'un jeu à boire entre étudiants.

Le but est simplement de donner à votre bébé la quantité de lait qu'il veut, sans qu'il le recrache et rejette tout ce que vous avez mis si longtemps à préparer. Ces explications détaillées devraient, je l'espère, vous aider :

Étape 1. Si vous voulez le faire correctement, mettez-vous torse nu. Un bébé apprécie le contact de la peau – cela lui donne la sensation d'être en osmose avec vous ; quant à vous, vous découvrirez une impression étrange de retour à l'état sauvage.

Étape 2. Tenez le bras que vous choisissez à 90 degrés afin de former un berceau confortable pour y installer votre bébé. (La prise de biberon risque de durer un peu, il peut donc être avisé de poser un petit coussin sur votre bras.) Asseyez-le en position verticale en lui soutenant la tête et le cou afin de l'aider à respirer et à avaler confortablement. Ce qui suit est essentiel : ne calez jamais le biberon pour aller faire autre chose – même si vous êtes vraiment occupé ou que vous avez envie d'un sandwich. Non seulement votre paresse vous empêche d'être en contact étroit avec un bébé qui en a besoin, mais en plus cela augmente le risque de suffocation de votre bébé pendant que vous n'êtes pas là.

Étape 3. Placez doucement la tétine sur la lèvre inférieure de votre bébé. Cela devrait déclencher la mise en route – s'il ne tète pas directement, déposez une goutte de lait sur sa lèvre, cela devrait enclencher la machine.

Étape 4. Maintenez le biberon légèrement incliné, afin que le lait remplisse complètement la tétine. Si de l'air y pénètre, cela va gonfler votre bébé qui devra inévitablement l'évacuer sous forme de petits rots ou, dans le pire des cas, d'un tsunami de vomi lacté. Relevez lentement le biberon, à un rythme qui semble satisfaisant pour votre bébé – un nouveau-né boit lentement, le rythme s'accélère en grandissant. Si votre bébé commence à tousser et à postillonner ou qu'il a du lait au coin de la bouche, c'est que vous êtes allé trop vite ou que votre biberon est abîmé et qu'il faut le remplacer. Si la tétine s'aplatit, tirez doucement sur le coin de la bouche de votre bébé pour libérer le vide. Si la tétine est bloquée, excusez-vous pour le court retard occasionné par son remplacement par une autre, qui doit avoir été stérilisée.

Étape 5. Maintenez tout le temps un contact visuel avec votre bébé et félicitez-le sur sa façon de faire.

Dites-lui combien il est habile et comme il boit bien ce lait délicieux, même s'il n'en comprend pas un traître mot et que ce n'est peut-être même pas vrai. D'après les spécialistes, complimenter un bébé contribue à créer un lien plus étroit avec lui. Aucun bébé n'a jamais été en mesure de confirmer cette théorie, mais ça vaut le coup d'essayer.

Étape 6. Si la prise de biberon dure, ce qui est très probable, il se peut que vous ayez besoin de changer de bras au bout d'un certain temps. Cela permettra non seulement de soulager votre bras, mais aussi de donner à votre bébé un point de vue différent de la pièce et de continuer à le stimuler.

Étape 7. Il est curieusement gratifiant et surtout nécessaire de faire roter votre bébé fréquemment (voir page 154) pour expulser l'air emprisonné dans ses entrailles. Vous pouvez aussi le faire à tout moment s'il paraît agité et mal à l'aise lors de la prise de biberon.

Étape 8. Vous aurez fini lorsque votre bébé vous signifiera qu'il a terminé, généralement en se détachant de la tétine. Faites-le roter une fois de plus pour faire bonne mesure, essuyez-lui la bouche et priez pour qu'il ne rejette pas le tout à la fin. Si cela arrive, il vous faudra nettoyer tout ce souk et recommencer car votre bébé aura l'estomac vide. C'est le genre d'occasions où il est permis de blasphémer, tout en gardant votre sourire.

Étape 9. Si, lorsque vous avez enfin terminé, votre bébé est endormi, ce qui est très probable, remettez-le dans son lit et félicitez-vous d'avoir fait du bon boulot. S'il a les yeux grands ouverts et a l'air de vouloir se divertir, profitez de cette occasion pour interagir avec lui. Vous pouvez prendre un petit jouet en peluche et entremêler votre conversation de babillages qui vous feraient lever les yeux au ciel s'il ne s'agissait pas de votre bébé. Évitez de le surexciter, vous risqueriez d'assister au retour du lait.

Étape 10. À la première occasion, démontez entièrement le biberon et rincez tous les éléments, avant de le laver à l'eau chaude et au savon ou de le mettre au lave-vaisselle. Ne conservez jamais pour plus tard le lait qu'il reste dans le biberon – les bactéries risquent de se déchaîner même si le lait est réfrigéré.

Étape 11. Et bien sûr, si vous ne l'avez pas déjà fait, remettez votre tee-shirt.

FAIRE FAIRE LE ROT

1. Par-dessus l'épaule

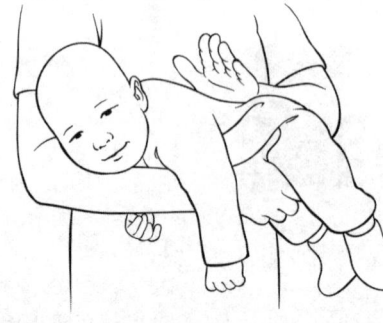

2. À la verticale

3. « Le tigre sur une branche d'arbre »

Pour les gens simples comme moi, le rot est un truc génial. Il faut surtout faire preuve d'ingéniosité pour tenter d'amadouer une grande poche d'air en frottant le dos de votre bébé, jusqu'à ce qu'elle jaillisse de sa bouche avec une spontanéité que vous n'oseriez pas avoir en public. Avec les bébés, c'est différent. Même les gens très propres sur eux trouvent ça drôle.

Pour vous préparer au rot, posez un carré de mousseline ou une vieille serviette sur votre épaule, puis déposez-y votre bébé en lui soutenant la tête, et frottez-lui doucement le dos dans le sens des aiguilles d'une montre, en exerçant une pression ferme, mais légère, avec la paume de votre main (**1**). Vous pouvez aussi asseoir bébé sur vos genoux, en le penchant vers l'avant tout en lui soutenant la tête (**2**). Sinon, essayez la position du « tigre sur une branche d'arbre » : couchez le bébé à plat ventre le long de votre bras et tapotez-lui le dos (**3**).

Il n'y a pas de bonne ou de mauvaise méthode – tant que votre bébé est à l'aise et que son cou et sa tête sont maintenus, votre technique est probablement bonne. Frictionnez-le jusqu'à ce qu'il émette un rot, probablement accompagné d'une petite dose de vomi lacté – on dit qu'il régurgite du lait caillé. D'où la précaution de prendre une serviette.

Si votre bébé refuse de roter au bout de 5 minutes, c'est qu'il n'a peut-être rien à expulser, ce qui voudrait dire que vous lui avez très bien donné le biberon. S'il n'a pas l'air d'être mal à l'aise, considérez que votre boulot est terminé.

RÉGURGITATION OU VOMI ?

Tous les bébés vomissent tellement au cours des douze premiers mois que cela vous inquiéterait si le vôtre ne le faisait pas. Durant les premières semaines, cela peut être une réaction naturelle car son corps doit s'adapter à son nouveau régime alimentaire. Souvent, une surcharge alimentaire accidentelle l'amènera à rejeter le trop-plein.

Si cela se produit sous forme d'une petite flaque de lait accompagnée d'un rot, plutôt qu'un tsunami, vous venez d'être témoin d'une régurgitation, un mot que l'on ne rencontre que lorsqu'on a un bébé.

La régurgitation est tout simplement une petite poche de lait que le bébé recrache le plus souvent au cours de la première heure suivant le repas, surtout si votre bébé est particulièrement actif. Un bon rot permet de minimiser les risques que cela se produise. Mais lorsque ça arrive, il suffit de l'essuyer et de rassurer votre bébé en lui disant que tout va bien, car c'est généralement le cas.

Remarque : Bien qu'une petite régurgitation n'ait rien d'inquiétant, il peut s'agir de « reflux » si la quantité est importante. Si cela survient régulièrement et que votre bébé semble avoir mal, parlez-en à votre médecin.

Kit de base

Pour donner le biberon à un nouveau-né, on conseille d'avoir environ 6 biberons de 250 ml. Il existe des biberons de différentes formes, tous conçus pour éliminer les poches d'air et recréer l'alimentation la plus naturelle.

Il existe aussi différentes formes de tétines, fabriquées dans des matériaux divers et possédant différentes tailles de trous – plus petits pour les nouveau-nés qui boivent lentement et ont besoin d'un débit de lait plus lent, plus gros pour les bébés plus âgés. Des tests rigoureux ont révélé que les tétines en silicone sont préférées car elles n'ont ni goût ni odeur, ne deviennent pas collantes, passent au lave-vaisselle et sont transparentes, ce qui vous permet de vérifier si elles sont propres. Mais à dire vrai, la meilleure approche consiste à essayer, quitte à se tromper, afin de trouver ce qui fonctionne le mieux pour votre bébé.

DILEMME
Lait maternel ou lait maternisé ?

Voici peut-être le grand dilemme des jeunes parents : comment nourrir le bébé durant les premiers jours. Il s'agit de choisir entre le lait maternel « fait maison » et une étrange substance chimique en poudre vendue dans une boîte.

Cependant, toutes les mamans ne peuvent pas allaiter, même quand elles le souhaitent. Votre rôle se limite à comprendre la situation et à apporter votre soutien si nécessaire.

Il existe deux façons de répondre :

1. Si la maman de votre bébé choisit d'allaiter et n'a aucun problème de production, vous n'avez rien d'autre à faire que de la féliciter de fournir à votre bébé un mélange de tous les lipides, glucides, protéines, vitamines, minéraux, nutriments divers et anticorps qui contribuent à protéger un nouveau-né des maladies et que l'on ne peut trouver que dans le lait maternel. Vous savez tous les deux que vous donnez à votre bébé le meilleur des départs dans la vie, d'après ce qu'affirment les scientifiques depuis des années. Vous n'avez pas besoin de dire quoi que ce soit, car vous connaissez déjà tous les deux tout ce qui précède.

2. Si la maman de votre bébé ne peut ou ne veut allaiter, apprenez par cœur ce qui suit, surtout si elle tenait vraiment à le faire. Même si le lait maternel est très bien, le lait maternisé est également une excellente source de tous les nutriments dont un bébé a besoin pour grandir. Plus long à digérer, il rassasie le bébé plus longtemps que le lait maternel, ce qui évitera à votre compagne d'avoir en permanence un bébé collé à sa poitrine. Si elle a essayé d'allaiter, même brièvement, mais que pour une raison quelconque cela n'a pas été possible, rappelez-lui que même une seule goutte de son lait sera bénéfique au plan nutritionnel. La plupart des jeunes mamans qui ne peuvent pas allaiter éprouvent un sentiment d'échec. Votre travail consiste à la convaincre du contraire. Tout l'enjeu étant de lui montrer l'aspect positif pour elle, faites-lui remarquer qu'allaitement et travail sont rarement compatibles, surtout si elle veut reprendre vite. Avec le lait maternisé, même un papa empoté avec des saucisses à la place des doigts peut faire le boulot. Dites aussi que le lait infantile lui permettra de porter de nouveau ce qu'elle veut, sans être obligée d'enfiler un soutien-gorge muni de rabats pour un accès facile aux tétons, et de manger ce qu'elle veut, plutôt que de devoir s'enfiler des tonnes de tiges vertes pour nourrir votre bébé. Elle peut désormais s'empiffrer d'ail, de fromage bleu et d'alcool. Peut-être pas tout en même temps.

Ils sont passés par là… (et ont survécu !)
Le sein, pas toujours le top !

Dans les mois qui ont précédé la naissance de notre fils, Jacob, nous avions entendu à plusieurs reprises que « le sein, c'est le top ». Et c'est sans doute vrai, mais au bout de deux jours, Jacob avait du mal à le prendre. Et même quand il l'a fait, on n'arrivait pas à savoir s'il avait bu du lait. Le fait qu'il était étonnamment calme lorsque nous l'avons ramené à la maison nous a fait penser que nous avions le bébé le plus sympa au monde. En réalité, il ne prenait pas assez de nourriture et il n'avait tout simplement pas l'énergie de crier au scandale.

Le troisième jour, une sage-femme est venue nous aider. Tout ce qu'elle a su nous dire, c'était que la bouche de Jacob était trop petite. Nous en avons pris acte, et je suis sorti acheter une boîte de lait infantile.

Nous avons regardé avec étonnement Jacob téter goulûment avant de rapidement s'endormir. Plus tard, nous avons acheté un tire-lait et fait de notre mieux pour alterner lait maternel et lait maternisé, et cela a marché.

À ce moment-là, nous avons compris que le mieux en matière d'enfants, c'est ce qui convient à votre bébé et vous… il n'y a pas de règles établies !

PAUL M., PAPA DE JACOB ET MOLLY

LE SEVRAGE

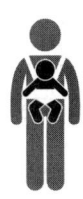

*Effectuer la délicate transition
entre les aliments liquides et solides...*

Le passage du lait à la nourriture molle et aux aliments solides a lieu en général vers 6 mois et représente un moment très enrichissant, mais assez compliqué.

Durant ses six premiers mois, votre bébé n'a besoin d'aucun aliment solide, uniquement des seins de sa mère ou d'une grande boîte de lait maternisé en poudre. Vous pouvez introduire les aliments solides à 4 mois s'il semble prêt (voir Q&R ci-dessous), mais seulement après en avoir parlé avec votre médecin.

Le truc avec les aliments solides, c'est qu'il ne faut pas s'attendre à prendre la ligne de départ et finir la course du premier coup. Vous progresserez très lentement, petit à petit. Votre bébé ne peut pas boire du lait le lundi et s'enfiler une côte de bœuf le mardi. Il faut mettre les choses en place lentement, pas à pas, afin qu'il soit heureux de monter en puissance et en variété.

Mais nous allons trop vite. Il nous faut d'abord des réponses à quelques questions que je me suis permis de poser en votre nom...

Q. QUAND SAURAI-JE SI MON BÉBÉ EST PRÊT À PASSER AUX ALIMENTS SOLIDES ?

R. C'est une excellente question. Il y a en général cinq signes :

1. Il s'assoit et son cou supporte sa tête.

2. Il s'intéresse à la nourriture.

3. Il maîtrise la coordination main-œil, et peut donc regarder sa nourriture, la prendre et la mettre dans sa bouche sans aide. De nombreux bébés vous le montrent en mâchouillant des crayons ou autres objets à portée de main. Le problème, c'est que vous ne le saurez qu'en lui proposant des aliments solides.

4. Il peut avaler de la nourriture et tente de le faire si vous lui présentez une petite quantité de purée au bout de votre doigt (propre).

5. Il semble avoir encore faim, même si vous augmentez les doses de lait.

Q. COMMENT AURA LIEU CETTE TRANSITION ?

R. La transition aura lieu petit à petit, au rythme de votre bébé. La quantité qu'il mange est moins importante que le fait de l'habituer à manger des aliments soli des. La première étape est de lui faire goûter des aliments écrasés – de la purée ou des céréales sans sucre mélangées à du lait. Il ne s'agit pas d'aliments « solides » au sens classique du terme, mais d'une première étape dans la bonne direction.

Parmi les aliments à écraser ou à réduire en purée, commencez par la banane, la pomme, la pomme de terre et la carotte – vous pouvez faire des essais et vous tromper, mais évitez tout ce qui est trop sucré. Si votre bébé devient accro au sucre, même naturel, il ne voudra plus manger autre chose. Épluchez et lavez tous les fruits et légumes avant de les mixer et proposez-lui des saveurs simples, qu'il pourra distinguer.

Une fois qu'il apprécie la purée, vous pouvez passer à l'étape suivante, qui comprend le poulet, les pâtes, le pain, les biscottes, les haricots, le riz et le poisson (sans arêtes bien sûr).

Évitez tout ce qui est trop gras ou trop salé et, si vous avez le temps et l'énergie, privilégiez les plats « maison » aux bocaux et sachets du supermarché. Ils sont généralement fades et moins bons pour la santé, car plus salés et sucrés que les aliments cuisinés par soi-même. Le « fait maison » est non seulement meilleur, mais aussi moins cher, notamment si vous congelez des portions dans de petits pots étiquetés. Réservez les repas industriels aux cas d'urgence absolue.

Bien sûr, si vous êtes un papa responsable – et je doute que vous eussiez atteint la page 164 de ce livre si vous ne l'étiez pas – vous vous efforcerez de donner à votre bébé une alimentation équilibrée, avec des légumes, de la viande ou du poisson, beaucoup de fruits, etc.

La mauvaise nouvelle, c'est que les bébés apprennent par l'exemple. Vous allez donc devoir recommencer à manger des légumes et oublier les nouilles instantanées et les kebabs pendant quelque temps.

Au bout d'environ un an, il prendra 3 repas par jour. Vous pouvez aussi lui donner à grignoter les grands classiques pour bébé : des bâtonnets de carotte, des bouts de pain et des gâteaux de riz. Sa consommation de lait devrait diminuer en conséquence et ne représenter plus qu'un repas.

Substances interdites

Même s'il est bon de vous suggérer quels types d'aliments solides votre bébé peut désormais manger, il est beaucoup plus important de vous dire ici ce qu'il ne faut pas lui donner. Les aliments suivants peuvent provoquer des allergies ou rendre un bébé malade : les noix (toutes variétés confondues), les œufs, le lait de vache (quand votre enfant a moins d'1 an), les fromages à pâte molle ou non pasteurisés, les crustacés et le foie.

Un siège à table

Avant que votre bébé ne manifeste son intention de vouloir passer du liquide au solide, vous devrez commencer à réfléchir aux différentes formes de sièges bébé spécialement conçus pour lui donner à manger. Vous aurez besoin d'une chaise haute, de préférence réglable en hauteur, ainsi que d'une table de bébé amovible, si votre bébé veut avoir son assiette sur la grande table avec vous.

Plus tard, vous utiliserez peut-être un rehausseur – en principe un siège en plastique moulé, relativement peu cher, que l'on sangle solidement sur une chaise de cuisine pour surélever le bébé.

10 règles importantes sur l'alimentation

1. Prévoyez plus de temps et attendez-vous à plus de dégâts – pour votre bébé, pour vous, et pour vos murs – qu'avec le biberon. Achetez des bavoirs et mettez tous vos projets de décoration en attente.
2. Commencez petit et augmentez progressivement. Un peu de purée par-ci, une bouchée par-là – les progrès mettront du temps. Servez-vous d'une cuillère en plastique, jamais en métal, au risque de blesser les gencives de votre bébé.
3. Vérifiez que la nourriture n'est pas trop chaude. Faites cuire les aliments à une température très élevée afin qu'ils soient stériles, mais laissez-les refroidir avant de les servir à votre bébé, et goûtez toujours d'abord.
4. Assurez-vous que votre bébé est assis bien droit afin de limiter le risque d'étouffement, et ne le quittez jamais des yeux pendant qu'il mange.
5. Si votre bébé veut manger tout seul, encouragez-le et félicitez-le pour son sens de l'initiative. Achetez davantage de lingettes pour bébé.
6. Si vous le nourrissez à la cuillère, attendez qu'il ouvre la bouche avant de la lui tendre. N'essayez jamais de l'introduire s'il n'est pas prêt.

7. Et si vous lui donnez la cuillère, évitez de lui faire le coup du petit train qui entre dans le tunnel – c'est rigolo au début, mais quand votre bébé attendra systématiquement que le train ait fait trois fois le tour de la piste pour manger, vous verrez que ce ne sera pas gagné pour les prochaines fois.
8. Si votre bébé veut tenir la cuillère tout seul, cela ne peut que vous aider. Mais encore une fois, ne le laissez jamais seul pendant qu'il mange – pensez aux risques d'étouffement.
9. Lorsqu'il refuse la nourriture, il est plus que probable qu'il a terminé. Attendez-vous à des repas plus petits mais plus fréquents lors du passage aux aliments solides.
10. Si votre bébé n'est pas prêt, ne le forcez pas. Contentez-vous d'essayer à nouveau le lendemain.

Ils sont passés par là… (et ont survécu !)
Rien ne dure éternellement

Dites-vous bien que tout ça n'est qu'une phase. Il dort toute la nuit, ce n'est qu'une phase. Ma femme devient folle, ce n'est qu'une phase. Il fait ses dents, c'est terrible et il ne cesse de pleurer, ce n'est qu'une phase. Je n'ai pas dormi depuis des semaines, ce n'est qu'une phase. Il est si parfait, tout va si bien, ce n'est qu'une phase. Il ne dort jamais et nous devenons fous, ce n'est qu'une phase. Il ne mange pas, ce n'est qu'une phase. Il mange trop, ce n'est qu'une phase. Vous vous y habituerez.

DAVE A., PAPA DE FINN

LE SAC DE BÉBÉ

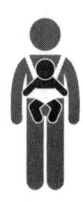

*L'art très précis de préparer un sac
pour partir à l'aventure avec votre bébé...*

Avant d'être papa, lorsque vous vouliez aller quelque part pour la journée, il vous suffisait d'y aller. Du moment que vous portiez un pantalon, tout allait bien. Désormais toutes les règles ont changé.

Chaque fois que vous prévoyez d'aller quelque part, même si ce n'est que pour une demi-heure, il faudra le planifier avec la précision des manœuvres militaires ou d'une expédition sur la Lune.

Rien ne peut être laissé au hasard, ce qui explique pourquoi c'est traditionnellement le boulot d'une maman de préparer le sac. Non pas parce que je suis un vieux macho fatigué, mais parce que si elle laisse préparer le sac au papa, il ne contiendra qu'une seule couche, un demi-paquet de lingettes, une tétine et quelques biscuits. Donc, à l'avenir, si jamais on vous demande de préparer le sac de votre bébé, les éléments suivants doivent être considérés comme le strict minimum. Et sachez que plus vous partez longtemps, plus vous aurez besoin de choses.

Le sac de bébé

- **Des couches.** Prenez ce qui paraît raisonnable pour le temps passé à l'extérieur, puis ajoutez-en au moins deux pour faire face aux catastrophes.
- **Un matelas pour changer bébé.** Un modèle léger, qui s'enroule, que l'on peut transporter, pour changer bébé à l'improviste.
- **Des lingettes pour bébé.** Jamais moins d'un demi-paquet, de préférence un paquet entier.
- **Des vêtements de rechange et un chapeau.** Et des gants s'il fait vraiment froid.
- **Un biberon (ou plusieurs).** Déjà prêt, avec le bon lait. Ou un biberon (ou plusieurs) et une boîte fermée.
- **À manger + un bol + une cuillère (ou plusieurs) + un bavoir (ou plusieurs).** Si vous êtes passé aux aliments solides

- **Des tétines.** Si votre bébé en a, et toujours plusieurs.
- **Une petite peluche.** Avec des grelots. Et un ou deux livres pour bébé.
- **Un gel antibactérien pour les mains.** Car les microbes sont partout.
- **Un sirop pour enfants à base de paracétamol.** En cas d'un accès de fièvre.
- **Des mouchoirs.** Au cas où.
- **De la crème solaire.** En cas de soleil. Choisissez une crème adaptée aux bébés – un indice 50 de protection suffira.

LA GESTION DES DÉCHETS

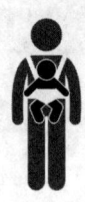

*Découvrez à présent la gestion du caca,
un secteur en plein essor…*

Vous pourriez me sortir le couplet sur la parité et dire que changer les fesses d'un bébé est un boulot qui doit être réparti à parts égales entre les parents. Et vous auriez peut-être raison. Mais avec tout le respect que je vous dois, je vous dis que vous avez tort.

Comme vous n'avez pas passé les neuf derniers mois à porter votre bébé dans votre ventre, tout en étant parfaitement sobre, que vous ne pouvez pas allaiter votre bébé et que vous ne subissez pas les douleurs post-accouchement, il est logique que vous preniez les choses en main dans ce domaine capital.

En particulier si la maman de votre bébé l'allaite, car gérer les couches vous permet très facilement de créer des liens avec votre bébé. D'ailleurs vous êtes déjà formé à 80 % puisque essuyer les fesses de votre bébé n'est pas complètement différent que de vous essuyer les vôtres.

Il vous reste cependant 20 % à apprendre. Si vous êtes prêt à vous salir les mains, nous allons commencer par le début.

Le tout premier caca que votre bébé va produire sera très différent de tout ce que vous avez vu jusqu'ici. Le magnifique méconium survient dans les 12 heures suivant la naissance de votre bébé, et il est impossible de passer à côté : d'une étrange couleur noir verdâtre, il est superbement collant, un peu comme le serait celui d'un gothique en gueule de bois.

Une fois le premier sorti, les cacas normaux devraient être épais et solides, parfois liquides, et être de toutes formes, tailles et consistances. Durant les premières semaines de la vie de votre bébé, attendez-vous à ce qu'il fasse plusieurs fois par jour. Combien de fois ? Eh bien, voilà une très bonne question.

Certains bébés font tellement caca que l'on se demande comment un corps si petit et fragile peut rejeter autant. D'autres peuvent rester des jours sans faire plus qu'un caillou. Certains bébés sont un mélange des deux, produisant suffisamment de caca liquide pour repeindre un hangar et, la fois d'après, l'équivalent d'à peine un haricot.

Dans tous les cas, ne vous inquiétez pas trop. Tous les bébés sont différents, et si vous avez des doutes sur ce qui est trop ou trop peu, touchez-en un mot à votre médecin.

Autrement dit : je ne peux pas vous dire combien de cacas votre bébé doit faire, car personne ne peut le dire à coup sûr. Il semble cependant avéré que les bébés allaités font caca moins souvent, et que la production ralentit pour tous les bébés après les premières semaines.

Ce que je peux néanmoins vous expliquer avec joie, c'est comment réagir face à une couche pleine. Au moment où j'écris ces mots, j'ai changé 24 192 couches, avec un taux de réussite de 24 191, puisqu'il faut retirer celle que j'ai accidentellement fait tomber sur la moquette crème de la chambre au milieu de la nuit…

Donc, ce que je sais du changement de couche, c'est que c'est un jeu d'enfant, surtout s'il vous est décrypté dans un guide très simple étape par étape.

Sans relâche

Comme mentionné précédemment, votre bébé devra être changé après avoir mangé, avant de dormir et s'il pleure parce qu'il a rempli sa couche à ras bord et qu'il n'aime pas la sensation de baigner dans sa propre fange. Et honnêtement, qui aimerait ? Notez également qu'un nouveau-né urine toutes les 20 minutes, et jusqu'à une fois toutes les heures lorsqu'il a 6 mois. Et alors qu'il n'est pas toujours facile de distinguer son pipi car il est clair ou pâle, vous le saurez au poids de la couche. Une couche humide doit être changée rapidement pour éviter un érythème fessier.

LE CHANGEMENT DE COUCHE

Avant de commencer, cherchez une surface solide, plane et entièrement sécurisée. Un matelas à langer sur un tapis est très bien, à condition que vous soyez assez souple pour pouvoir vous baisser et vous relever. Si vous changez votre bébé en hauteur, pensez à tout le temps garder une main sur le ventre de votre bébé, afin qu'il ne puisse pas rouler ou se tortiller et tomber. Une fois que vous êtes prêt, voici comment le changement de couche devrait se dérouler :

Étape 1. Placez la couche de rechange sous les fesses de votre bébé allongé sur le dos. Avoir la nouvelle couche à portée de main est une bonne méthode, car si votre bébé se met soudain à « pétarader » au moment où vous retirez la couche pleine, la nouvelle couche en absorbera au moins une partie. Une autre technique avisée consiste à placer un mouchoir en papier sur le sexe de votre petit garçon, juste au cas où il déciderait de vous arroser. Il s'agit d'un problème courant, et je peux vous dire qu'un œil plein de pipi de bébé, ça pique.

Vérifiez que la couche propre est dans le bon sens, les languettes adhésives dans le dos et la tête des gentils animaux (ou équivalent) devant.

Étape 2. Ouvrez délicatement la couche sale. La première fois, il se peut que vous reculiez à la vue de ces entrailles malodorantes, mais vous allez bientôt vous y habituer. Utilisez toutes les zones encore propres et douces de l'intérieur de l'ancienne couche pour essuyer le caca autour des petites parties délicates. Prenez doucement les deux chevilles de votre bébé et soulevez-lui les fesses, juste assez pour retirer l'ancienne couche en la faisant glisser.

Étape 3. À présent, utilisez des lingettes ou trempez une boule de coton hydrophile dans un bol d'eau tiède et essuyez « autour des fesses », en prenant soin d'aller dans les plis. Si votre fils est en fait une fille, rappelons que vous devez toujours l'essuyer d'avant en arrière et ne jamais revenir vers l'avant, au risque de propager des bactéries responsables d'infections urinaires. Pendant que vous y êtes, vérifiez qu'il n'y a pas trace d'érythème – la peau est très rouge – risquant d'être douloureux. Au besoin, appliquez une pommade anti-rougeurs. Vous pouvez également appliquer du lait pour bébé sur du coton afin d'adoucir ses fesses.

Étape 4. Posez les fesses sur la couche propre, en rabattant la partie avant entre les jambes et sur le ventre. Ramenez les parties latérales à l'avant et fixez-les avec les languettes adhésives. Vérifiez que ce n'est pas trop serré, et si le cordon ombilical est encore là, repliez la partie supérieure de la couche afin que le cordon soit à l'air. Jetez ensuite l'ancienne couche à la poubelle. Si votre bébé est toujours sur le matelas d'une table à langer et que vous vous déplacez jusqu'à la poubelle pour jeter la couche, il risque de se tortiller et de tomber – ce dont nous avons parlé au début. Il est donc préférable de placer la poubelle à côté de la table à langer afin d'éviter tout danger.

Étape 5. Rhabillez votre bébé, félicitez-vous pour avoir bien bossé et essayez d'effacer de votre esprit qu'il vous reste près de 2 687 couches à changer au cours de la prochaine année. Lavez-vous les mains et préparez-vous à changer la prochaine couche dans environ 5 minutes.

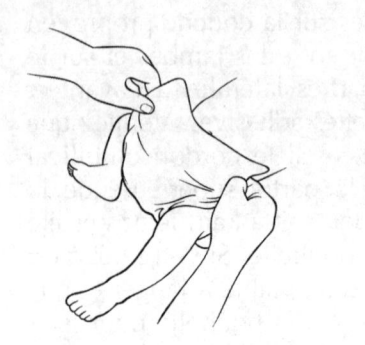

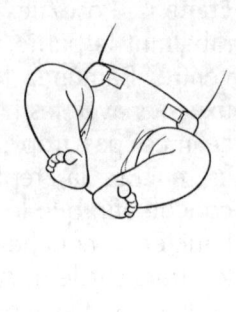

LA CHARTE DU CACA

La couleur, l'odeur et la consistance du caca peuvent changer d'une semaine, voire d'un jour à l'autre, notamment chez les bébés allaités – selon le régime alimentaire de la mère. À l'instar d'une cartomancienne qui prédit l'avenir en « lisant » dans sa boule de cristal, il est possible de lire la santé de votre bébé en examinant la couleur et la consistance de ses selles. Honnêtement, je n'aurais jamais imaginé écrire ces mots-là. Malgré tout, utilisez ce guide à titre indicatif pour évaluer si votre bébé est en bonne santé.

Vert jaunâtre

C'est habituellement la couleur des selles d'un bébé allaité en bonne santé. Si la consistance est liquide, un peu comme la diarrhée, et que cela sent très peu, aucune raison de craindre quoi que ce soit.

Marron clair

On dirait du beurre de cacahuète ? Bien. Ce sont les selles d'un bébé en bonne santé nourri au lait infantile. C'est un peu liquide et ça schmoute ? Vous pouvez difficilement vous plaindre, comparé à la puanteur des vôtres.

Marron foncé

Probablement la couleur des selles d'un bébé qui commence à manger des aliments solides. Le caca aura la consistance molle et liquide du beurre de cacahuète, en un peu plus sombre. Comme si l'on avait mélangé du beurre de cacahuète avec de la pâte à tartiner à la noisette et un soupçon d'eau. De plus, la nourriture qu'il mange a une influence. Par exemple, le caca sera plus orange si vous lui donnez beaucoup de carotte.

Marron foncé avec des taches de couleur

Pas d'inquiétude. Il s'agit sans doute de morceaux de nourriture que votre bébé n'a pas pu digérer correctement. Jouez à « essaie de reconnaître les légumes » pour vous amuser, tant que personne ne vous regarde.

Jaune, vert ou marron liquide

La consistance de la peinture fraîche, plus liquide que solide, et qui explose violemment dans la couche de votre bébé. Diarrhée classique, surtout si votre bébé se met soudain à faire plus régulièrement. Soyez attentif et, si cela se produit plus de deux ou trois fois, ou si cela ne passe pas au bout d'un jour ou deux, appelez le médecin. La règle veut que si un bébé pétarade violemment 6 fois en 24 heures, il faut consulter un médecin de toute urgence. Cela peut être une infection ou simplement une réaction à quelque chose qu'il a mangé. Toutefois, si une diarrhée n'est pas soignée, elle peut entraîner une déshydratation. Ne restez pas donc assis des heures à vous demander si la couleur est normale.

Vert

Cela peut être dû à certains types de laits infantiles qui donnent des selles vert foncé et pâteuses. Cela peut aussi être provoqué par une sensibilité à certains aliments, aux effets secondaires d'un médicament ou à une gastro-entérite. Sans retour à la « normale » au bout de 2 jours, consultez un médecin.

Très clair

Cela peut être un signe de jaunisse, fréquente chez les nouveau-nés, mais qui guérit généralement en quelques semaines. Encore une fois, si cela persiste, composez le numéro de votre médecin.

Couches lavables ou couches jetables ?

La seule chose difficile quand il s'agit de changer un bébé consiste à trancher le dilemme moral suivant : lequel de ces deux types de couche devrait-on utiliser ?

Les couches jetables sont, comme leur nom l'indique, à usage unique. Vous les utilisez une fois, les jetez à la poubelle et allez en chercher une autre. Et ainsi de suite.

Les couches lavables sont conçues pour les parents qui se soucient de l'environnement et qui, au sens propre, n'ont pas peur de mettre les mains dans le caca. Après chaque utilisation, et même si elle est remplie de caca de bébé, la couche est raclée et puis lavée à température élevée afin d'être réutilisée.

Sachez que, jusqu'à ce que votre bébé ait 2 ans et demi, vous dépenserez 850 € en couches jetables, contre seulement 400 € pour les couches lavables.

Ajoutez à cela que les couches jetables mettent 200 ans à se décomposer et vous pourriez soudainement ressentir une envie de protéger la planète sur laquelle votre nouveau-né vient d'arriver. Mais cela dépend des efforts que vous pouvez faire. Avez-vous vraiment le temps de nettoyer les cacas à l'intérieur d'une couche ? Vous seul pouvez décider.

Marron avec du rouge

Bien qu'un caca parsemé de sang risque de vous alarmer, il est souvent causé par de minuscules fissures de la peau des fesses. Cela se produit souvent lorsque leurs petits derrières fragiles tentent d'expulser un caca dur. Appliquez de la crème réparatrice, et, au risque de ressembler à un disque rayé, appelez le médecin si cela persiste ou que les taches deviennent des stries.

Crottes de lapin

Il arrive que votre bébé fasse de petites crottes ou de gros blocs secs, ce qui le fait pleurer – cela ressemble à un douloureux cas de constipation. Placez une main sur le ventre de votre bébé et sentez s'il est tendu – il s'agit d'un signe révélateur de constipation, plus fréquente chez les bébés nourris au lait infantile, en particulier si vous mettez trop de poudre dans l'eau. Certains parents suggèrent de masser l'estomac de bébé pour le soulager, tandis que d'autres conseillent de lui faire boire du jus de pruneau mélangé à de l'eau ou du lait maternel. Cependant, comme la constipation peut aussi être causée par de la fièvre, une déshydratation, un changement de régime ou une réaction à un médicament, le médecin sera votre meilleur conseiller.

CHANGER LES COUCHES

Vous aurez besoin de plus de couches que vous ne pourriez l'imaginer. Si vous misez sur une moyenne de huit couches par jour, que vous multipliez par sept, vous obtenez cinquante-six couches par semaine. Donc, 56 × 4 = 224 par mois, et 224 × 12 = nom d'une pipe, vous arrivez d'un coup à 2 688 couches en une seule année ! Et c'est une estimation basse. Évidemment, vous n'aurez pas besoin de toutes les avoir dès le départ, mais il vous faudra une bonne pile dès les premiers jours. Et même si vous utilisez des couches réutilisables, vous aurez aussi besoin de quelques couches jetables, au cas où.

Mais ce n'est pas tout. Il vous faudra aussi des sacs à couches pour jeter ces couches sales. Achetez une centaine de sacs à couches dans un magasin discount, ou 300 sacs dangereusement minces dans un hard-discount. Et comme si son derrière ne pouvait se contenter de 56 couches et un million de lingettes par semaine, vous aurez également besoin de pommade anti-rougeurs, qui apporte un soulagement béni aux très courants bobos aux fesses.

Il vous faudra enfin une table à langer, sur laquelle vous accomplirez votre mission. Opterez-vous pour un joli meuble en acajou fait main, avec un superbe espace de rangement pour les couches et les crèmes ? Un chariot à desserts à roues ? Ou un matelas bon marché en mousse recouvert de plastique et que l'on pose par terre ?

Je vous suggère ce dernier, en me basant sur l'expérience, parce que ce n'est pas cher, facile à ranger et parce qu'un bébé frétillant tombant d'un demi-centimètre d'un matelas posé au sol se fera beaucoup moins mal qu'un bébé tombant d'un mètre d'une impressionnante table ergonomique en acajou. Mais cela dépend de l'opinion de chacun et vous seul pouvez décider.

Ils sont passés par là… (et ont survécu !)
Ignorez la plupart des conseils

Durant les douze premiers mois, le plus difficile concernait les principaux ajustements que nous avons dû faire. Les cours pour jeunes parents délivrent des conseils sur les soins d'un nouveau-né, mais rien ne peut vous préparer au tourbillon de la première année.

La principale leçon que j'ai apprise, que nous avons tous les deux apprise, c'est que tant que votre enfant va bien et est heureux, il n'y a pas de bonne ou de mauvaise façon de s'en occuper. Ce qui pourrait fonctionner pour les autres enfants peut ne pas marcher pour le vôtre. Suivez votre instinct, même les premiers jours. Les conseils et informations de spécialistes sont importants, mais vous connaissez mieux votre bébé que le pédiatre ou la sage-femme car vous êtes avec lui vingt-quatre heures sur vingt-quatre. Vous savez comment il réagit et se comporte, ce qu'il fait ou ce qu'il n'aime pas, ce qui est bien et ce qui est mal.

Je dirais que le secret est de faire de votre maison un endroit aussi peu stressant que possible. Les parents stressés stressent leur bébé, et cela engendre un environnement familial turbulent, ce qui n'est jamais bien lorsque vous êtes fatigué et que vous essayez simplement de faire de votre mieux.

BEN H., PAPA D'EVA ET ISSY

LA SÉCURITÉ

*Le danger rôde à chaque coin
pour un bébé intrépide et aventureux...*

Tant que votre bébé n'a pas appris à ramper et à grimper de façon autonome, votre maison ne devrait présenter aucun danger réel pour sa sécurité ou son bien-être. Avant 6 mois, il sera là où vous le mettez, ce qui est une bonne chose.

Cependant, dès qu'il sera mobile et pourra cramponner les choses, chaque objet de votre maison va devenir une menace potentielle pour sa sécurité, et tout devra être à l'épreuve de votre bébé.

Vos escaliers devront être protégés de barrières en haut et en bas (ou vous pouvez également déménager dans un bungalow). Tous les coins dangereux sur les meubles devront être munis de protections en caoutchouc, au cas où votre bébé tomberait et s'ouvrirait quelque chose.

Chaque porte devra être équipée d'un bloque-porte l'empêchant de se refermer complètement et de lui coincer les doigts. La gazinière devra comporter une protection métallique – ou ne jamais être allumée de peur que bébé ne se brûle en s'accrochant à elle. Les tasses de café brûlant devront être gardées hors de portée. Votre armoire pleine de produits de nettoyage et de produits industriels devra être munie d'un verrou. Et toutes les prises de courant devront être équipées de cache-prise en plastique pour empêcher que votre bébé ne fourre ses doigts et ne fasse le plein de volts.

Toutefois, rien ne peut remplacer le nouvel état d'esprit que vous devrez adopter dès que votre bébé est mobile. Apprenant désormais à se déplacer, il n'a qu'une idée en tête : explorer tous les recoins de chaque pièce dans laquelle il pénètre. Aussi, vous devez vous faire pousser des yeux dans le dos et être constamment en état d'alerte élevé. Vous devez prévoir dix coups d'avance et évaluer la menace d'un danger dans toutes les pièces dans lesquelles vous entrez, scanner tout ce qui pourrait se renverser ou tomber sur la tête de votre bébé. On peut bien sûr s'extasier en le voyant escalader avec audace la bibliothèque pour la première fois, mais pas si elle se renverse sur lui. Il n'est pas question de mourir écrasé par une pile de *Harry Potter* !

ACCIDENTS ET BLESSURES

Avec un nouveau-né, une maison doit toujours être équipée d'une trousse de premiers secours regorgeant de produits essentiels en cas d'urgence, car un accident arrivera inévitablement tôt ou tard, malgré toutes les précautions du monde.

Une trousse appropriée (solidement fermée) sert deux objectifs principaux. Elle regroupe en un seul et même endroit tout ce dont vous avez besoin, si bien que vous savez exactement où cela se trouve en cas de besoin. Et elle vous donne un peu l'impression d'être un médecin qualifié.

Quoi qu'il en soit, vérifiez que votre trousse est assez grande pour contenir au moins les produits suivants :

La trousse d'urgence

- **Des pansements,** des modèles pour enfant en quantité suffisante.
- **Des bandes et ruban adhésif,** si les pansements simples ne suffisent pas.
- **Des lingettes antiseptiques et de la pommade** pour nettoyer les plaies et écorchures et maîtriser l'infection.
- **De la crème anti-rougeurs** pour soulager les irritations.

- **Du paracétamol,** en sirop pour enfants – une solution rapide pour faire baisser la fièvre.
- **Une cuillère, compte-gouttes ou seringue** pour administrer rapidement et proprement des gouttes médicinales.
- **De l'Adiaril** (pour bébé) pour réhydrater rapidement un bébé déshydraté.
- **Un thermomètre digital** pour prendre correctement la température dans l'oreille ou sous le bras.
- **De la lotion à la calamine** en cas de démangeaisons.

ATTENTION !
Méfiez-vous de tout

S'il est vrai qu'un bébé capable de ramper et d'escalader devient un vrai danger pour lui-même, le risque peut survenir plus tôt, c'est-à-dire dès qu'il commence à se tortiller. Il n'est que trop facile de le lâcher des yeux lorsqu'il semble couché en toute sécurité sur votre lit. C'est le printemps, le soleil brille, les oiseaux gazouillent, et vous décidez de répondre à l'appel de la nature. Vous vous dites que vous n'en aurez que pour vingt secondes si vous vous dépêchez, mais à peine avez-vous le dos tourné que vous entendez un horrible bruit sourd. Celui d'un bébé qui vient de tomber du lit. Et c'est arrivé. Deux fois en l'espace d'une semaine. Une fois à moi, une fois à ma femme. Je ne pense pas que cela fasse de nous de mauvais parents. Nous avons déconnecté et baissé la garde quelques instants, puis nous avons passé les trois semaines suivantes en redoutant de voir débarquer les autorités. Rappelons simplement que dès que votre bébé est capable de bouger dans tous les sens, il faudra entraîner votre cerveau à se méfier de tout et n'importe quoi.

Ils sont passés par là… (et ont survécu !)
Soyez disponible

La seule chose qui m'a pris au dépourvu fut l'impression d'être perdu et inutile. Les premiers jours, je ressemblais davantage à un domestique privé de sommeil qu'à un père. Honnêtement, vous n'avez pas besoin d'être là pour le bébé, vous devez juste faire ce que vous devez faire et aider votre femme à ne pas devenir folle. Il est essentiel de s'assurer qu'elle est aussi heureuse que possible. Une maman heureuse est une meilleure maman, cela fait un papa heureux, et donc meilleur. Ce sera dur et fatigant, bien sûr, mais encaissez les coups, ce sera vraiment plus facile.

Le meilleur conseil que je puisse donner serait d'essayer de manger correctement. Nous n'avons pas de famille autour de nous pour nous aider, donc nous avons fini par essayer de gagner du temps en mangeant des trucs rapides, ce qui n'est généralement pas très sain. Essayez de préparer à l'avance des repas équilibrés dès que vous en avez l'occasion – cela vous fera gagner du temps après une nuit agitée.

MAL B., PAPA DE LILY-SUN

ATTENTION !
Bobo à la tête

Si votre bébé reçoit accidentellement un coup à la tête, mais qu'il n'y a aucun symptôme apparent, tel qu'une bosse ou une marque, appliquez-lui une compresse froide – un mouchoir humide et froid ou un sac de petits pois du congélateur enveloppé dans une serviette – et observez la situation pendant 24 heures. Si votre bébé perd connaissance, est somnolent et a du mal à se réveiller, qu'il commence à vomir, semble désorienté ou pire, appelez d'urgence le Samu (15). S'il semble en pleine forme, mais que vous êtes inquiet malgré tout et que voulez en avoir le cœur net, consultez un médecin ou rendez-vous à l'hôpital.

Chapitre 3

LA PANIQUE IMMÉDIATE ÉTANT PASSÉE, QUELLE EST L'ÉTAPE SUIVANTE ?

S'OCCUPER DE LA PAPERASSE
(1ʳᵉ PARTIE)

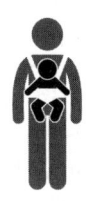

Les trucs que vous êtes légalement tenu de faire en tant que parent d'un bébé qui vient de naître...

Il est rarement mentionné que lorsque l'on a un bébé, on est obligé de remplir des tonnes de paperasse embêtante. Votre bébé est un peu comme une machine à laver – à moins de renvoyer les documents d'assurance au fabricant, vous n'êtes pas entièrement couvert, et c'est un peu ce qui se passe avec votre bébé.

Pour officialiser son existence aux yeux de la loi, il faut accomplir deux démarches essentielles durant les trois premiers jours. À savoir :
 1. Donner un nom à votre bébé.
 2. Déclarer sa naissance à la mairie.

ATTENTION AUX PRÉNOMS RIDICULES

Lors du choix du prénom, essayez d'éviter de lui donner un qu'il vous reprochera en grandissant. Si je dis ça, c'est parce qu'au cours de ces dernières années, toutes les règles de bon goût et de bon sens qui s'appliquaient jusqu'ici pour choisir le nom d'un bébé ont été oubliées. Aujourd'hui, il n'y a quasiment plus de limites, contrairement au bon vieux temps.

Prenez l'année 1914, par exemple. Il y a un siècle, les prénoms les plus populaires pour un garçon et une fille en France étaient Jean et Marie. Cinquante ans plus tard, c'était Thierry et Nathalie. Et en 2016, selon les données les plus récentes, ce sont Lucas et Chloé qui caracolent en tête.

De nos jours, on observe une recrudescence de prénoms des plus créatifs aux États-Unis. Ainsi, dans une tentative de prouver que leurs bébés ne sont pas comme tous les autres bébés, nos amis américains imaginent des noms de plus en plus ~~fous~~ uniques. Parmi les prénoms les plus créatifs enregistrés, citons Ace, Jedi, Mowgli et, paradoxalement, Sanity.

En France, la liste des dix premiers prénoms semble totalement sage en comparaison, mais d'ici cinq ans, il n'est pas impossible de voir fleurir les Titeuf, Google, Hashtag ou Facebook.

Ceci dit, je ne veux pas vous donner des conseils quant au prénom de votre bébé, ce ne sont absolument pas mes affaires et je ne suis pas arbitre du bon goût – comment le pourrais-je avec comme deuxième prénom Lee ? Tout ce que je peux vous conseiller, c'est de vous poser une question. Si vous vous réveilliez un matin en vous rendant compte, pour la première fois de votre vie, qu'on vous a appelé Han Solo ou J'Adore, Médor ou Mégane Renault pour le restant de vos jours, comment vous sentiriez-vous ?

Du délicat choix du prénom

Dans certains autres pays où l'on prend le choix des prénoms très au sérieux, il existe une longue liste de noms interdits pour avoir été donnés de manière irréfléchie. En Nouvelle-Zélande, on a ainsi interdit les prénoms de Lucifer, Justus, * [symbole de l'étoile] et Talula Does The Hula From Hawaii – celui-ci était celui d'une petite fille de 9 ans qui disait s'appeler « K » afin d'éviter que l'on se moque d'elle à l'école. En France, le choix du prénom est libre mais doit respecter certaines règles, notamment au nom de l'intérêt de l'enfant. Les parents ont 5 jours à compter de la naissance pour déclarer leur enfant à l'état civil.

Ils sont passés par là… (et ont survécu !)
Apprenez vite

La chose la plus difficile lorsqu'on devient papa est de vivre l'énorme changement qui se produit pratiquement du jour au lendemain. Alors que votre compagne traverse 9 mois de grossesse, votre train-train quotidien ne change pas vraiment. Lorsque Ruby est née, les deux ou trois premières semaines ont été relativement faciles, car c'était tout nouveau et excitant, et que j'étais à la maison. Les choses ont commencé à se corser lorsque j'ai dû veiller à la fois sur un bébé (et sa mère) et aller travailler – et retourner au boulot est certainement le plus facile.

Je ne suis pas sûr qu'il y ait une voie toute tracée, dénuée d'embûches pour se préparer. Il suffit d'agir à l'instinct. Vous pouvez passer votre temps à demander conseil aux uns, chercher sur Internet, appliquer les recettes des autres, etc., alors qu'il vous suffit de vous débrouiller avec votre bébé en suivant votre instinct, car personne ne connaît mieux un bébé que ses parents.

Entraidez-vous aussi pour le reste, même si ce n'est que quelques heures par-ci par-là. J'ai réparti mes congés : au lieu de prendre 2 semaines, j'ai pris dix vendredis pour avoir des semaines de 4 jours pendant près de 3 mois ; cela a beaucoup aidé.

MATT H., PAPA DE RUBY ET HARRY

S'OCCUPER DE LA PAPERASSE
(2ᵉ PARTIE)

*Les trucs que vous n'êtes pas légalement tenu
de faire en tant que parent d'un bébé
qui vient de naître, mais auxquels
vous voudrez peut-être réfléchir...*

Avoir un bébé peut aider un homme à se concentrer sur les choses importantes de la vie. Des choses auxquelles vous n'aviez jamais vraiment réfléchi – ou voulu réfléchir – avant de devenir père et qui ont pris tout à coup une importance capitale. Je vous suggère d'ajouter ce qui suit à votre liste de trucs à faire :

1. COMMENCER À ÉCONOMISER

Comme dit précédemment, élever un petit bébé jusqu'à l'âge adulte risque fort de vous conduire au bord de la faillite, sauf si vous prenez soin de vos finances. Votre tendance aux excès et à la décadence attendra, et vous vous serrerez un peu la ceinture.

2. OUVREZ UN COMPTE BANCAIRE POUR VOTRE ENFANT

Le taux d'intérêt risque d'être pitoyable, le danger que les banques ferment et que vous perdiez tout votre argent n'a jamais été aussi élevé, mais ouvrir un compte pour votre bébé est une démarche responsable. Pour en savoir plus sur la gamme complète de possibilités, parlez-en à votre banquier, mais ce qui est sûr, c'est qu'il n'est jamais trop tôt pour commencer à épargner.

3. FAITES UN TESTAMENT

Je ne voulais pas être celui qui vous en parle, mais un jour vous mourrez. Pas avant longtemps, nous l'espérons, mais cela arrivera inévitablement. Ce jour-là, pour vous assurer que tous vos biens matériels aillent aux bonnes personnes, il vous faudra enfin trouver le temps de rédiger ce testament que vous avez reporté pendant des années car c'est tellement déprimant. Le moment est désormais venu et vous pouvez en rédiger un vous-même en utilisant un modèle, ou payer un notaire qui le fera pour vous. Renseignez-vous quant aux meilleures options qui s'offrent à vous et ne négligez rien.

4. PRENEZ UNE ASSURANCE VIE

Si vous n'avez pas encore d'assurance vie, rien ne vaut l'arrivée d'un bébé pour vous faire réfléchir à ce que vous devriez probablement avoir. Votre tête n'est pas mise à prix, du moins pas à ma connaissance, mais personne ne peut prédire ce qui risque de nous tomber dessus et il est de notre devoir de prévoir toutes les éventualités pour nos enfants.

5. FAITES FAIRE UN PASSEPORT

Ce n'est pas aussi tragique que les paragraphes précédents, mais tout aussi urgent si vous envisagez d'emmener votre bébé à l'étranger pour un séjour culturel ou ensoleillé, voire les deux. C'est ridicule, mais même les tout petits bébés doivent avoir leur propre passeport, ce qui signifie que vous devrez lui faire faire une photo d'identité, même si, dans quelques mois, il ne ressemblera plus à cette photo. Comme ce n'est cependant pas facultatif, cela veut dire que vous devrez emmener votre bébé dans une de ces cabines et lui demander de rester assis et de sourire à l'appareil tandis que vous essayez de tenir vos mains et vos bras en dehors du cadre.

Ma femme et moi avons essayé lorsque nos deux garçons avaient 6 mois – et cela a rapidement tourné au grand n'importe quoi. En fin de compte, après avoir dépensé tout notre budget à essayer d'obtenir une photo acceptable sur un document officiel, nous les avons emmenés chez un photographe de quartier qui nous a offert un service « sur mesure » – en gros, il a fait des instantanés jusqu'à ce que nous ayons ce dont nous avions besoin. Cette solution était finalement la moins chère et la plus facile, et nous aurions aimé y penser plus tôt.

Ils sont passés par là... (et ont survécu !)
Comptez jusqu'à 3 (puis jusqu'à 10)

Être papa pour la première fois est une expérience géniale, mais il faut avoir la patience d'un saint pour en sortir indemne. Les pleurs ne s'arrêtent pas en quelques secondes, les couches peuvent déborder d'excréments qui remontent jusqu'au cou de votre bébé, et votre femme sera parfois un peu folle. La pousse des dents en particulier est un moment vraiment horrible. J'ai chanté (puis fredonné en m'approchant de la porte de la chambre) « Ah ! vous dirais-je maman » des centaines de fois en essayant d'apaiser mon fils en plein milieu de la nuit. Retenez les endroits où le plancher crisse et évitez-les à tout prix. Il suffit de compter jusqu'à dix, et c'est reparti. Les choses vont s'améliorer à partir de 3 mois. Et rappelez-vous que vous allez vous faire de nouveaux amis, mais perdre de vieux copains. C'est la vie. Dans un premier temps, vous serez trop occupé pour les regretter.

TIM S., PAPA DE HARRY ET ROBIN

REPRENDRE LE BOULOT

*Un mot d'avertissement,
car cela peut être lourd de conséquences…*

À l'issue de votre congé de paternité, vous allez retourner sur votre lieu de travail l'air très fatigué, mais fier. Cependant, une fois de retour au bureau, vous devez être au courant de certaines règles tacites.

Tout d'abord, lorsqu'un collègue vous demande comment ça s'est passé, restez concis. Fier, mais concis. À moins qu'il n'ait lui-même des enfants et n'aime faire des comparaisons ou se rappeler comment c'était lorsqu'il était à votre place, tout en étant silencieusement reconnaissant que ses enfants aient dépassé ce stade, il ne s'agit que d'une question de politesse. Il ne souhaite pas vraiment connaître en détail le déroulement de l'accouchement, ni la procédure précise pour faire un biberon à 3 heures du matin, ni même savoir comment déclarer votre bébé à la mairie.

Contentez-vous de donner une réponse brève et de qualité, en précisant que c'est difficile et fatigant mais, en fin de compte, la plus belle chose que vous ayez jamais accomplie ou ne ferez jamais.

Surtout, ne développez pas à l'infini sur votre état de fatigue. Les gens le constateront par eux-mêmes en voyant vos cernes, il est donc inutile de le leur rappeler constamment. De plus, vous risqueriez de paraître ingrat.

Et quelques mois plus tard, lorsque votre bébé chopera toutes les maladies possibles et imaginables et vous les transmettra, essayez de ne pas trop geindre sur votre état. C'est vous qui avez voulu être père, alors assumez-le. Et aussi parce que si vous racontez à vos collègues votre dernière maladie, outre des détails, ce sont également des microbes que vous partagerez avec eux.

Mais le plus important à retenir lorsque vous reprendrez le travail, c'est de ne jamais oublier que, quelles que soient les fonctions que vous exercez, c'est toujours plus facile qu'une maman au foyer qui élève son bébé. Les mères ont un « congé maternité », ce qui semble génial pour progresser dans le jeu *Call of Duty*. Or, chaque jour passé en compagnie d'un nouveau-né qui hurle mettra à l'épreuve sa patience et sa santé mentale.

Donc, lorsque vous reprenez le boulot, si votre femme vous demande comment s'est passée votre journée, il est bon d'exagérer fortement votre charge de travail et de dépeindre vos journées comme si vous aviez vécu l'enfer. Quoi que vous fassiez, n'avouez jamais que vous avez passé la majeure partie du temps à regarder des vidéos de chiens en train de faire de la moto sur Internet et à vous être un peu ennuyé. Comme votre moitié risquerait de ne pas très bien le prendre, entraînez-vous avant de lui répondre.

LES SOLUTIONS DE GARDE

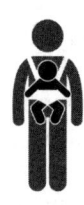

*On trouve toujours de l'aide
(la plupart des cartes de crédit étant acceptées).*

Si vous et la maman de votre bébé n'avez pas pour but d'élever votre bébé 24 heures sur 24, 7 jours sur 7 et 365 jours par an, vous aurez sans doute besoin de trouver des solutions pour faire garder votre enfant. En général, trois possibilités principales s'offrent à vous :

1. L'ASSISTANTE MATERNELLE

Vous pouvez payer une assistante maternelle qui s'occupera de votre bébé pour le nombre d'heures et de jours par semaine qui vous conviendra. En général, vous devrez déposer votre bébé chez l'assistante maternelle, en sachant qu'une garde unique est peu probable – votre bébé devra certainement partager le temps et l'attention de l'assistante maternelle avec un ou deux autres bébés. Mais cela permet également de le socialiser avec d'autres enfants.

2. UNE NOUNOU

Même si une nounou fait la même chose qu'une assistante maternelle, elle ne s'occupe en général que de votre bébé, ce que vous pourriez préférer. Contrairement à une assistante maternelle, la nounou se déplace généralement chez vous, ce qui rend le transport beaucoup moins difficile. Elle peut même parfois vivre chez vous si vous avez assez de chambres et ne trouvez pas tout ceci un peu bizarre.

Pour ces deux premières options, les recommandations d'amis et d'autres parents fonctionnent en principe mieux et permettent d'avoir l'esprit plus tranquille. Cependant, avec une décision aussi importante, assurez-vous que la personne qui prendra soin de votre bébé a tous les certificats et qualifications pour faire le job.

3. LA CRÈCHE

La crèche est peut-être la solution la plus fréquente lorsqu'un parent ne reste pas au foyer. On peut y inscrire un bébé dès 3 mois et c'est très simple. Vous payez très cher pour qu'un personnel formé s'occupe de votre bébé pendant la journée, ce qui vous libère votre femme et vous pour retourner au boulot et gagner l'argent, qui finira par payer la crèche.

Au cours des premières semaines, il se peut que vous vous sentiez coupable au moment de déposer votre petit bébé à la crèche et de déléguer la responsabilité de son éducation à un parfait inconnu. Mais vous remarquerez très vite que presque tous les bébés y sont heureux et ont oublié leur maman et leur papa avant même que le parent quitte la pièce. Il y aura presque certainement des larmes, mais très vite, la crèche deviendra comme une seconde maison pour votre bébé.

Il est important de souligner que si vous optez pour une crèche, effectuez vos recherches à fond et vérifiez les rapports officiels, afin de trouver la meilleure pour vous. Tout aussi important, effectuez les démarches le plus tôt possible, en particulier si vous habitez dans une région où la demande dépasse de loin l'offre. Je parle d'expérience sur ce point. Quand nos bébés étaient encore en train de faire leurs séances d'étirement dans le ventre de leur maman, ma femme et moi sommes allés à la crèche du coin pour y jeter un œil et signer en bas de la page. L'endroit était très agréable, comme il se le devait, étant donné la somme princière qu'ils réclamaient. Lorsque nous sommes arrivés à la fin de la visite, on nous a expliqué que nous serions sur la liste d'attente faute de place, et nos deux garçons ont reçu les numéros 238 et 239. Un an plus tard nous avons reçu un appel de la crèche nous demandant si nous étions toujours intéressés, car ils avaient désormais les numéros 187 et 188 et qu'apparemment la liste remontait rapidement. À l'époque, nous avions déménagé à cent kilomètres de là, en partie pour entrer dans une crèche plus agréable, moins fréquentée, donc nous avons poliment refusé. Mon conseil est donc de réserver le plus tôt possible, afin d'éviter toute déception. Et bien sûr, préparez-vous à être étonné par les tarifs facturés.

Ils sont passés par là... (et ont survécu !)
Quitter son job et rester à la maison

Lorsque j'ai dit à mes amis que je quittais mon travail, leurs réactions furent pleines de références aux mères au foyer et aux programmes télévisés pour « ménagères » diffusés dans la journée. Il a fallu qu'ils aient eux-mêmes des enfants pour commencer à comprendre ma réalité. Un bébé n'est pas équipé d'un bouton marche/arrêt et fait preuve d'un incroyable appétit pour le monde qui l'entoure. C'est particulièrement gratifiant, mais indéniablement épuisant.

Plusieurs choses m'ont aidé à m'adapter en tant qu'homme dans un monde de femmes. Les groupes furent particulièrement utiles – avoir un réseau social et la chance de discuter de trucs d'adultes pendant que les enfants jouent est un bon moyen de garder sa santé mentale. L'air frais est également essentiel – aller au parc, à la bibliothèque ou se promener. Le fait de sortir change vraiment tout.

Le plus important peut-être, c'est que cela permet de faire des « trucs de mec » ! Il est essentiel de s'occuper d'autre chose que de la vie de famille. Moi, je vais à la pêche, mais d'autres préfèrent aller au café ou jouer au football. J'ai trouvé cela primordial pour recharger les batteries.

> Sachant ce que je sais maintenant, je dirais que l'on récolte ce que l'on sème. Plus vous ferez des efforts, plus vous vous amuserez et plus vos enfants vous aimeront pour ça.
>
> CRAIG G., PAPA D'OLIVER ET JASMINE

LE CONTRÔLE DES FOULES

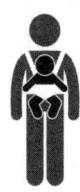

Comment affronter – et gérer – un afflux régulier de gens qui vous veulent du bien…

Pendant les premiers jours et semaines qui suivent la naissance, vous pourriez tout aussi bien laisser votre porte d'entrée ouverte. Vous accueilleriez chez vous un flux régulier de parents et amis heureux et souriants, tous désireux de voir votre progéniture et de partager votre joie. (Il faut savoir que pour une raison inconnue, toutes les femmes qui viendront vous voir auront désespérément besoin de sentir la tête de votre bébé. Je ne sais toujours pas pourquoi, mais n'essayez même pas de les arrêter.)

La plupart du temps, accueillir des visiteurs sera un moment joyeux où votre bébé sera le centre d'attention et où vous vous délecterez de tant de gloire. Ceci n'est pourtant valable que si vos visiteurs respectent les règles.

Les meilleurs visiteurs que vous recevrez sont ceux qui viennent avec de la nourriture – une belle tarte ou des lasagnes, que vous pourrez réchauffer lorsqu'ils seront partis, pour vous rendre la vie un peu plus facile. Ou ceux qui proposent d'emmener votre bébé faire une promenade d'une heure, le temps de vous laver et de vous brosser les dents. Et ceux qui comprennent instinctivement quand il est temps de rentrer chez eux, sans que l'on ait besoin de leur dire.

Les pires visiteurs mangent tous vos biscuits, boivent tout votre thé et ne décollent pas malgré vos allusions terriblement lourdes.

Étant donné que vous recevrez sans doute ces deux types de visiteurs durant les semaines à venir, il est important d'échafauder un plan pour rapidement éconduire ceux qui abusent de votre hospitalité. Convenez d'un signal avec votre compagne – « méconium liquide » par exemple – et lorsque cette expression est prononcée, vous serez chargé, en tant qu'homme de la maison, de reconduire vos invités à la porte.

Soyez aussi poli que possible, mais s'il faut éjecter tante Julie tête la première à travers la haie, c'est parfois comme ça que ça doit se passer. Car tous ceux qui ne comprennent pas que votre temps et vos sachets de thé sont précieux n'ont vraiment pas leur place chez vous.

Ils sont passés par là… (et ont survécu !)
Faites le plein de sachets de thé (ou de café)

Il y a tellement de choses auxquelles vous ne serez probablement pas préparé lorsque vous deviendrez papa. Je n'étais pas prêt à ressentir l'énorme quantité d'amour qui vous submerge instantanément – toutes vos craintes ou préoccupations disparaissent une fois que vous tenez votre bébé dans vos bras. Je n'étais pas non plus préparé à l'assaut de visiteurs, ni à la quantité de sachets de thé qu'ils consommeraient. On n'est donc pas plus préparé pour les petits changements que pour les grands.

Après avoir passé toute ma vie à faire des nuits complètes, je n'étais pas prêt à être soudain équipé d'une alarme interne qui me réveille au moindre murmure. Et je n'étais certainement pas prêt à retourner au travail après un congé de paternité de 2 semaines. C'est déchirant de devoir partir, parce que vous voulez tout le temps être avec votre bébé.

Mon conseil ? Prenez l'allocation complète de congé de paternité, car votre nouvelle famille a besoin de vous. Faites à votre bébé autant de câlins que vous le pouvez, parce qu'il va grandir bien plus vite que vous ne pouvez l'imaginer – et ne le couchez pas à la moindre occasion, profitez de lui. Par-dessus tout, vivez l'aventure à fond. La courbe d'apprentissage est très raide, mais vous finirez par apprendre rapidement.

SIMON B., PAPA DE LAYLA ET ROSS

LE SEXE

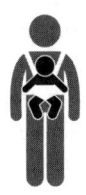

C'est vrai, ce chapitre est court et maladroit pour parler de « ça »...

Voici donc la grande question. Quand n'est-il pas trop tôt pour « le faire » à nouveau ? Euh, eh bien... le truc, c'est que je ne peux pas prétendre être une sorte de gourou sexuel. Je ne peux même pas vous prouver que je l'ai déjà fait, puisque mes garçons sont le produit d'une FIV. Mais je l'ai fait. Je l'ai vraiment fait.

Quoi qu'il en soit, étant donné que vous êtes toujours en train de lire, je ne peux que supposer que vous avez besoin de conseils à ce sujet et que vous n'avez personne d'autre vers qui vous tourner. Donc, tout ce que je dirai, c'est qu'il vous faudra peut-être revoir vos attentes à la baisse dans les jours, les semaines, voire les mois qui suivent la naissance de votre premier enfant. Votre moitié vous demandera sûrement de patienter, mais dans tous les cas, attendez-vous à ce que le sexe soit moins fréquent et certainement moins athlétique que cela a pu l'être auparavant.

Les experts recommandent de ne pas pratiquer de sexe pendant les 6 semaines qui suivent l'accouchement, et à raison. Il se peut que votre femme éprouve un certain inconfort après avoir subi le passage de l'équivalent d'une boule de bowling. On lui a peut-être même découpé l'estomac si elle a eu une césarienne. De toute façon, il y aura des points de suture, des larmes et des lacérations. Aussi, la dernière chose qu'elle voudra, c'est que vous lui sautiez dessus avec vos chaussettes de sport.

Et bien sûr, il y a aussi le fait qu'elle sera privée de sommeil, étant réveillée en permanence pour nourrir votre bébé. Dans ces conditions, réviser chaque chapitre du *Kâma sûtra* ne figurera probablement pas sur la liste de ses priorités. De plus, après avoir porté un gros bébé pendant 9 mois, il est possible qu'elle éprouve quelques doutes sur son corps. Il n'est pas rare pour une nouvelle maman de se sentir peu attrayante après la naissance. Votre tâche sera de l'inonder de compliments et de la rassurer, et pas uniquement parce que vous avez des idées derrière la tête.

Avec le temps, je dirais qu'il est important que vous raviviez votre vie sexuelle pour vérifier que vous êtes un couple pleinement opérationnel, et pas simplement une maman et un papa – et parce que si vous n'utilisez pas vos parties, elles risquent de tomber. Mais s'accorder un peu de temps est sans réserve le meilleur conseil que je puisse vous donner ici.

QUESTIONS/RÉPONSES

Votre bébé ne va pas tarder à vous prendre pour l'homme le plus intelligent sur terre...

Dans quelque temps, lorsque votre bébé va commencer à parler et à comprendre le monde qui l'entoure, il va vous poser les questions les plus inimaginables. Selon des recherches récentes, les parents d'un seul petit enfant doivent répondre, en moyenne, à 390 questions par jour – ce qui équivaut à 105 120 questions par an.

La plupart de ces questions seront « C'est quoi ça, Papa ? », lorsque vous placez un mystérieux bol de purée sur la table, et il vous sera d'y facile de répondre. Mais d'autres questions vous permettront vraiment de tester vos capacités mentales et de vous remémorer vos souvenirs d'école :

« Pourquoi le ciel est bleu ? »
« Qu'est-il arrivé aux dinosaures ? »
« Pourquoi grand-mère est morte ? »

Bientôt, vous devrez être un expert dans toutes les matières, répondre à toutes les questions en toute confiance et avec une précision absolue. Si vous tentez de bluffer en répondant un truc qui sonne à peu près juste, sachez que cette réponse deviendra un fait établi dans la tête de votre enfant en bas âge, et il risque de grandir en pensant que la Lune est vraiment faite de roquefort.

Bien sûr, ce n'est pas un vrai problème pour l'instant, car même Einstein a posé des questions existentielles quand il était petit, mais il est d'ores et déjà temps de vous replonger dans tous les trucs auxquels vous ne prêtiez pas attention à l'école, au collège ou à l'université. L'histoire, la physique quantique, le sens de la vie et tout le reste. Parce que vous le devez à votre bébé.

SURVEILLEZ VOTRE LANGAGE

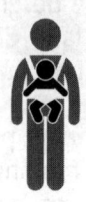

*Avertissement anticipé :
votre bébé entend tout…*

S'il est un sujet qui entre dans la catégorie « pas-immédiatement-mais-vous-devriez-vraiment-commencer-à-y-penser », c'est votre façon de parler. Pas tant votre façon de massacrer systématiquement les règles de grammaire de base, qui sera hélas enregistrée et répétée, mais plus le flot d'obscénités constant qui sort de votre bouche. Avant que vous ayez un enfant pur et innocent, votre langage peut être aussi grossier et cru que votre entourage vous l'autorise. Chez la plupart des hommes adultes, un langage normal est forcément fleuri et souvent en « dessous de la ceinture ». Les expressions paillardes et les termes vulgaires font partie de notre quotidien, même si nous sommes des types respectables qui n'ont aucune véritable raison de jurer. C'est une sorte de syndrome de Gilles de La Tourette atténué, et même si ce n'est pas bien, cela ne fait pas de vous un homme mauvais.

Les études ont montré que les bébés entendent les conversations lorsqu'ils sont dans le ventre de leur mère. Mis sur écoute de l'intérieur, aucun de vos jurons n'échappe à votre progéniture.

Dans un premier temps, ce ne sera pas grave car votre bébé ne comprend pas ce que vous dites. Mais vers 7 mois, il sera capable de répondre à son prénom et, lorsqu'il aura 1 an, il reconnaîtra des mots simples tels que oui et non.

Entre 12 et 24 mois, votre bébé fera des phrases de deux ou trois mots, et vers l'âge de 3 ans, il maîtrisera des centaines de mots.

Donc, à moins d'être un père honteusement irresponsable, vous ne voudriez pas que l'un de ces mots soit un terme que l'on ne pourrait prononcer devant une religieuse. Puisque vous ne voulez pas que votre beau petit bébé répète les insultes qu'il a entendues lorsque vous vous êtes cogné le petit orteil l'autre jour, le moment est venu d'agir. S'il vous a fallu un certain temps pour vous imaginer capable de saupoudrer une conversation ordinaire et affable avec des termes grossiers, sachez qu'il vous faudra plus de temps encore pour éduquer votre cerveau et réussir à filtrer de telles obscénités avant qu'elles ne sortent de votre bouche.

Il est donc d'ores et déjà temps de commencer à réinitialiser votre cerveau, idéalement avant l'arrivée de bébé et, au plus tard, avant qu'il ne soit capable de comprendre ce que vous dites.

COMMENT ÊTRE UN BON PÈRE

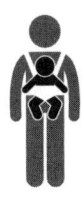

*Les conseils avisés de plusieurs bonnes mères.
Il serait bon d'en tenir compte…*

GÉRER L'APPROVISIONNEMENT

Je pense que la meilleure chose que votre conjoint puisse faire durant les premiers jours, semaines et mois, c'est de s'occuper de la nourriture et des boissons. Avant de partir au boulot le matin, Nick avait pris l'habitude de m'apporter Holly, ainsi qu'une tasse de thé et des tartines, car il savait que j'avais terriblement la flemme d'aller me chercher à manger et que je ne l'aurais probablement pas fait avant son retour. Ce fut particulièrement bienvenu lorsque je me débattais entre l'allaitement et le biberon, et que j'essayais encore de donner le sein le matin. Le fait que Nick s'occupait de Holly et de mon petit déjeuner m'a aidée à tenir un peu plus longtemps, jusqu'à ce qu'elle soit en âge de manger de la bouillie au petit déjeuner.

LYNN S., MAMAN DE HOLLY

S'OCCUPER DE TOUS LES PETITS TRUCS

Comme j'allaitais notre bébé, je pense qu'au début, Simon ne se sentait pas toujours utile. Mais toutes les petites choses qu'il a accomplies ont vraiment fait la différence, car lorsque Layla se réveillait la nuit pour téter, il m'installait un oreiller sous le bras, allait la changer ou allait me chercher un verre d'eau. Son réconfort constant, le fait qu'il a toujours été là pour nous et pour me dire combien il était fier de moi m'a facilité les choses. Je pense que si votre compagnon peut faire quelque chose de spécial avec le bébé, ça leur permet de créer des liens. Simon allait chaque semaine à la piscine avec Layla, et ce dès l'âge de 9 semaines, ce qui veut dire que jusqu'à la naissance de notre deuxième enfant, j'ai pu profiter d'une grasse matinée vraiment bienvenue !

MUNENI B., MAMAN DE LAYLA ET ROSS

N'EMPOISONNEZ PAS VOTRE BÉBÉ

Mon compagnon m'a vraiment aidée en étant simplement là et en vivant tout ça avec moi. Il s'est occupé de tout et très bien : m'apporter des tasses de thé et faire la vaisselle, faire le ménage et s'occuper des gens qui nous rendaient visite... Je sais bien que les gens disent de laisser tomber le ménage mais vivre dans une maison sale et en désordre aurait vraiment gâché mon expérience de jeune maman. Il y a eu des loupés, bien sûr. Un jour, il a accidentellement fait tremper des tétines dans le liquide de stérilisation, et notre bébé a fini par en absorber une toute petite quantité. Heureusement, il n'y a pas eu de drame et cela ne s'est jamais reproduit. On s'en est souvenus, ça oui, mais cela ne s'est jamais reproduit. Il faisait aussi très bien les courses. Une fois, la liste comprenait uniquement des serviettes hygiéniques postnatales, des coussinets d'allaitement, du coton et des couches. C'était à la fois les courses les plus volumineuses, les plus légères et les plus absorbantes qu'il ait dû faire ! Ça ne l'a pas embarrassé, il ne s'est pas plaint et il l'a tout simplement fait !

LUCY C., MAMAN DE DEUX ENFANTS

ÊTRE LÀ

Je me souviens que j'étais absolument terrifiée d'avoir soudain la responsabilité d'un autre être humain ; ce tout petit bébé fragile. 24 heures plus tôt, je n'avais jamais tenu de nouveau-né dans mes bras ni même changé une couche. Le fait que Paul soit là m'a énormément réconfortée. Il m'a toujours beaucoup soutenue et rassurée en disant que nous savions ce que nous faisions, même si parfois nous ne le savions pas. Il a également mis la main à la pâte dès le premier jour, en aidant à langer notre bébé, à le nourrir et à le consoler en pleine nuit. Lorsqu'il a repris le boulot, il rentrait à la maison à midi pour vérifier que nous allions bien. J'ai beaucoup apprécié, et ces tranches de 4 heures m'intimidaient beaucoup moins qu'une journée complète. Toutes ces petites choses peuvent faire une grande différence.

TAMMY M., MAMAN DE JACOB ET MOLLY

ASSUMER SON RÔLE

Nick a été très utile quand nos jumeaux étaient petits, mais il n'a pas eu trop le choix puisqu'il y avait deux enfants dont il fallait s'occuper et que donc tout le monde était sur le pont. Très tôt, il a décidé que lorsque nous étions tous les deux à la maison, les responsabilités seraient divisées. J'étais en charge du rayon « alimentation et boissons » pour nos fils et lui s'occupait des couches. Cela a très bien fonctionné, cependant les enfants cessent de porter des couches à un moment donné, mais pas de manger ni de boire ! Il leur donnait aussi le biberon du soir et jouait avec eux, afin que je puisse sauter dans mon lit vers 20 h 30 et dormir un peu avant le biberon de 2 heures Avec le recul, je lui suis très reconnaissante d'être rentré plus tôt du travail pour m'alléger la tâche. Et le week-end, il s'occupait d'eux pendant que j'avais un peu de « temps pour moi » au supermarché (hé, la vie change !). Fondamentalement, tant que vous faites équipe, vous ne pouvez pas vous tromper.

SARAH H., MAMAN DE LOUIS ET JIM

PLAN BIBERON

La reprise du travail fut un moment clé pour nous et nous avons dû élaborer une sorte de plan pour que ce soit réalisable. Nous nous sommes vite rendu compte qu'il fallait que j'arrête d'allaiter Martha la nuit, et que nous devions prendre le contrôle de la situation. Le problème, c'est que, quand elle se réveillait en pleine nuit, elle voulait le sein, donc je n'arrivais pas à la rendormir. C'était donc à Chris de se lever et de s'asseoir dans l'obscurité pour la réconforter jusqu'à ce qu'elle se rendorme enfin – les effets secondaires de cela, c'est que j'ai pu dormir plus ! Cela a pris quelques semaines, mais nous avons réussi – Martha a enfin fait ses nuits ! Parfois, il faut un peu forcer les choses pour qu'elles s'adaptent à votre vie.

CLAIRE V., MAMAN DE MARTHA ET DAN

FAIRE ÉQUIPE

Au début, Matt s'est rendu très utile en s'occupant de toutes les courses, de la cuisine et du ménage. Ce fut un énorme poids en moins et cela m'a permis de me concentrer sur mon apprentissage de maman, car c'était aussi nouveau pour moi que pour Matt. Au bout de quelques semaines, nous avions mis en place une routine pour les biberons : nous travaillions en équipe afin de pouvoir tous les deux passer des nuits correctes, ce qui a rendu la vie gérable. Et l'autre truc super, c'est qu'il avait l'habitude de sortir avec Ruby le samedi matin, ce qui veut dire que j'avais une matinée pour me reposer, disposer d'un temps précieux et la possibilité de faire mes propres trucs. Je pense que ce sont les petites choses comme ça qui aident vraiment.

MEL H., MAMAN DE RUBY ET HARRY

LES DOUZE MOIS QUI SUIVENT ET PLUS

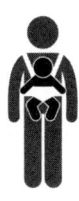

Rapide passage en revue de ce qui vous attend après la première année...

Il n'y a aucune garantie bien sûr, parce que tous les bébés sont différents et – oui, vous connaissez la suite. Cependant, il n'est pas irréaliste d'espérer que votre bébé fasse les choses suivantes :

PARLER AVEC ASSURANCE : ENTRE 12 ET 24 MOIS

Entre la première et la deuxième année, le vocabulaire de votre bébé commence à se développer. Et il en aura apparemment besoin, à en croire des rapports qui nous viennent d'Amérique. Selon les résultats de l'Association américaine pour l'avancement des sciences, un enfant devrait maîtriser en moyenne 25 mots/phrases autour de 24 mois. Et ces mots, à cocher, sont : maman, papa, bébé, lait, jus, bonjour, ballon, oui, non, chien, chat, nez, œil, banane, biscuit, voiture, chaud, merci, bain, chaussures, chapeau, livre, tous partis, encore et au revoir.

Rien de moins que ces 25 mots, et votre travail consiste donc à aider votre bébé à développer et élargir son vocabulaire en lui lisant cette liste tous les soirs avant de le coucher.

Sinon, vous vous détendez tout simplement sans trop y penser. Continuez de parler à votre bébé et tout va bien se passer. Vers 3 ans, ces 25 mots seront devenus plusieurs centaines.

MONTER ET DESCENDRE LES ESCALIERS TOUT SEUL : ENTRE 12 ET 24 MOIS

À partir de 12 mois mais en général plutôt vers les 24, votre bébé va commencer à grimper les escaliers avec une relative facilité. Bien que les enfants semblent confiants, il faut évidemment garder un œil sur eux en permanence pour éviter qu'ils ne fassent le voyage la tête la première. Ils devraient aussi être capables de courir et grimper partout sur votre canapé vers l'âge de deux ans, ce qui est une bonne et une mauvaise chose.

DEVENIR DE PLUS EN PLUS MOBILE : ENTRE 13 ET 15 MOIS

Le gène de l'indépendance commence vraiment à le titiller. Votre bébé va commencer à vouloir tout faire tout seul, comme manger, ou essayer de s'habiller. La nourriture devrait donc atterrir sur son menton et sur vos murs et votre enfant mettra son pantalon ou sa robe sur sa tête. Il ne pourra sans doute pas encore manger à table en utilisant correctement les couverts, il faut généralement attendre entre 2 et 3 ans.

CONSTRUIRE DES PHRASES : ENTRE 18 ET 24 MOIS

Votre enfant devrait en principe apprendre à lancer un ballon ou donner un coup de pied dedans et commencer à enchaîner quelques mots. Vous devriez pouvoir tenir une conversation correcte avec votre enfant autour de 3 ou 4 ans, quand il ne sera plus un bébé, mais qu'il sera devenu tout à coup un enfant sans que vous vous en soyez rendu compte.

LE POT : ENTRE 18 MOIS ET 4 ANS

Cette étape importante ne surviendra pas avant 18 mois, et pourrait durer jusqu'au quatrième anniversaire de votre enfant s'il n'est vraiment pas prêt. Ne précipitez pas les choses en ce qui concerne la propreté. S'il s'oublie, nettoyez. Gardez toutefois à l'esprit qu'on lui demandera d'être propre pour entrer en maternelle (soit à environ 3 ans).

FAIRE DES CAUCHEMARS : ENTRE 2 ET 3 ANS

Si votre bébé a peur des monstres et des créatures pendant la nuit, ce sera probablement entre 2 et 3 ans, au moment où son imagination est sollicitée par les histoires qu'on lui raconte, la télévision et les petits enfants qui traînent avec lui et dont vous pensez qu'ils ont sans doute une mauvaise influence.

FAIRE DU VÉLO ET DORMIR DANS UN GRAND LIT : ENTRE 2 ET 3 ANS

Apprendre à faire du vélo est une autre étape importante ; certains enfants n'ont plus besoin de roulettes entre 3 et 4 ans. De plus, ils seront probablement prêts à dormir dans un grand lit vers l'âge de 3 ans. Et comme ils s'affirment davantage, attendez-vous aussi à de plus gros caprices.

LA GRANDE ÉCOLE : À PARTIR DE 6 ANS

Un peu anticipé, mais vous verrez que cela arrive plus vite que vous ne l'imaginez. Votre tout petit bébé qui, hier encore, portait des couches, rentrera à l'école primaire en septembre de l'année de ses 6 ans, pour y rester jusqu'à ce qu'il ait 11 ans. Il ira ensuite au collège et au lycée, où il apprendra à grogner et à fumer des clopes.

Remarque : *Rien de ce que vous avez pu lire précédemment n'est garanti à 100 %. Si vous avez des questions sur les problèmes de développement, demandez à votre médecin.*

C'est ainsi que se termine ce livre.
Bonne chance pour toutes les aventures que vous vivrez. Et surtout, ne vous inquiétez pas :

Tout va bien se passer !

REMERCIEMENTS

Merci à toutes les mamans et tous les papas qui m'ont accordé leur temps précieux et leur perspicacité pour écrire ce livre. Vous êtes super. En outre, toute ma gratitude à ma maison d'édition Michael O'Mara, et plus particulièrement à Gabriella Nemeth pour son travail inlassable, à Louise Dixon pour le oui, et à Toby Buchan pour sa perspicacité et son expertise.

INDEX

A

Accident et urgence, hôpital : 117
Accidents domestiques : 186-190
Acné du nourrisson : 122
Adiaril : 189
Alimentation *voir* Nourrir
Aliments solides : 23, 25, 114, 140, 142, 161-167, 170
Allaitement : 35, 37, 104, 138-139, 158-160
Analgésiques *voir* paracétamol
Aspirine : 108
Assistante maternelle : 207
Assurance vie : 201

B

Babillage : 22
Babyphone : 49, 74
Baignoire pour bébé : 130, 132-133

Bain : 127-129, 131-134
Bandes : 188
Barrière pour escalier : 186
Bassine de lavage : 41
Bercer votre bébé : 36, 64, 93
Biberon : 37, 89, 138-144, 170
   Comment nourrir votre bébé : 150-152
   Lait maternisé/infantile : 37, 109, 142, 147-150, 159-160
   Préparer un biberon de lait infantile : 147-149
   Stériliser des biberons : 143-146
   Types de : 157
Blessure à la tête : 192
Bloque-porte : 187
Boulot, reprise du : 204-205
Bruit de fond : 98

C

Caca : 173-174, 178-180, 182
Cache-prise : 187
Cauchemars : 234
Chaise haute : 165
Changer les couches : 32, 36, 89, 123, 130, 172-181, 183-184
Chanter : 91
Ciseaux : 136
Coliques : 95, 114
Compte-gouttes : 189
Conjonctivite : 107
Constipation : 109, 142, 182

Contact visuel : 20, 151
Copier le comportement : 20, 23
Cordon ombilical : 134
Corvées : 34, 227, 229-230
Couches jetables : 181
Couches lavables : 181
Couette : 75
Couffin : 47
Couper les ongles : 136
Couverture d'emmaillotage : 47, 91
Crèche : 208-209
Créer des liens : 35-37, 139, 150
Crème solaire : 171
Croûtes de lait : 124
Cuisiner : 225

D

Debout : 24, 26
Déclaration de naissance : 195
Dents : 24, 94, 124
Déshydratation : 110, 115, 180, 189
Diarrhée : 109, 180
Draps : 75

E

Écharpe de portage : 41, 54-55
École : 234
Emmaillotage, couverture d' : 47, 91

Ennui : 90, 99
Érythème fessier : 123, 130, 175, 183, 188
Escalier, grimper : 232

F

Faim, signes : 89, 98, 141
Fatigue, signes de : 80, 93, 98, 116
Fièvre : 111, 115
Finances *voir* Questions d'argent
Fontanelles : 110-111, 115-116
Frotter le ventre : 92

G

Gaz et rot : 20, 36, 93, 151, 154-156
Gazinière : 187
Gel antibactérien : 171

H

Harnais pour bébé : 42
Harnais sauteur : 42
Histoire, coucher : 78
Hygiène personnelle : 128, 147

I

Immunisation : 118

J

Jaunisse : 122, 180
Jouer *voir aussi* Jouets : 37
Jouets
   Créer des liens avec votre bébé : 37
   Ennui : 90
   Portique : 51
   Premiers : 50-51
   Sac de bébé : 170
Jumeaux : 27
Jurer : 223

L

Lait de vache : 142
Lait infantile/maternisé : 37, 109, 142, 147-150, 159-160, 180
Langage, modérer son : 222-224
Laver votre bébé : 135
   Voir Baigner ; Changer les couches
Léthargie : 110, 116-117
Liens, créer des : 35-36, 139, 150
Limiter les pleurs : 80
Lingettes : 135, 170
Lingettes antiseptiques : 188
Lingettes pour bébé : 135, 170
Lit parapluie : 48, 50
Lotion à la calamine : 189

M

Maladies : 81, 96, 99, 104-106
  Conjonctivite : 107
  Constipation : 109, 142, 182
  Diarrhée : 109, 180
  Difficultés respiratoires : 117
  Fièvre : 111
  Fontanelles : 110-111, 115-116
  Immunisation : 118
  Jaunisse : 122, 180
  Méningite et septicémie : 115, 117
  Nausées : 115, 144, 156
  Otite : 112
  Quinte de toux : 117
  Reflux gastro-œsophagien : 113
  Rhume : 107, 113-114
  Santé du père : 119, 205
Manger *voir* Nourrir
Manque de sommeil : 24, 69-71
Marche : 25
Matelas à langer : 170, 175, 183-184
Médecin, motifs pour consulter : 106-110, 113-118, 123, 134, 161, 180, 182, 192
Médicaments : 108, 112, 126, 171, 189
Méningite : 115, 117
Miroir : 51
Mobile : 50
Monter les escaliers : 232
Mort subite du nourrisson : 74-75

N

Nounou : 208
Nourrir
  Aliments interdits : 165
  Aliments solides : 23, 25, 114, 140, 142, 161-167, 170
  Allaitement : 35, 37, 104, 138-139, 158-160
  Bébé qui mange seul : 25-26, 166-167, 233
  Biberon : 37, 89, 138-153, 170
  Chaise haute et rehausseur : 165
  Comment nourrir votre bébé : 150-153, 166
  Compagne, votre : 225, 227
  Créer un lien avec votre bébé : 35, 37, 109, 139, 150
  Évacuer les gaz : 20, 36, 93, 151-152, 154-155
  Lait de vache : 142, 165
  Lait infantile/maternisé : 37, 142, 147-150, 159-160, 180
  Mettre en place un « train-train » : 32, 89, 140
  Nouveau-né : 32, 139
  Reflux gastro-œsophagien : 113
  Régularité : 140, 142
  Sevrage : 161, 163-164, 166-167
  Signes de faim : 89, 98, 141
  Stériliser les biberons : 143-146
Nouveau-né
  Baigner : 127-128, 130, 132-133
  Créer des liens avec : 35-37
  Écharpe et porte-bébé : 54-55
  Fontanelles : 111
  Jaunisse : 122

Mettre en place un train-train : 31-32
Nourrir : 32-33, 139
Premières vingt-quatre heures : 28-30
Secouer : 86
Sommeil : 47, 69-70
Tenir : 82-85
Vêtements pour : 43

O

Oreiller : 75
Ostéopathie crânienne : 101
Otite : 112

P

Pansement : 188
Papa au foyer : 211
Paracétamol (sirop pour enfants) : 112, 126, 171, 189
Parler
  Babillage : 22
  Construire des phrases : 233
  Créer des liens avec votre bébé : 37
  De 12 à 24 mois : 231
  Poser des questions : 220-221
  Premiers mots : 22
  Surveiller votre langage : 222-224
Passeport : 201
Phrases, construire des : 233

Plaies et écorchures : 188
Planche à roulettes pour poussette : 42
Pleurs : 49, 65
   Causes et remèdes : 88-90, 92, 94-98
   Différents types de : 98
   Faim : 89, 98, 141
   Limiter : 80, 96
   Ostéopathie crânienne : 101
   Sensiblement différents : 115
   Tétine : 94-95, 99-100
Porte-bébé : 42, 54
Portique : 51
Pot, apprentissage : 233
Poubelle à couches : 41
Poussette tout-terrain : 56, 60
Poussette-canne : 42, 56-59
Prénom : 196-197

Q

Questions d'argent : 39-41, 46, 57, 181, 200
Quinte de toux : 117

R

Raconter une histoire : 78
Ramper : 24
Range-couches : 41
Réflexe d'enracinement : 89, 141
Reflux gastro-œsophagien : 113

Régurgitation : 155-156
Rehausseur : 165
Relations avec votre compagne : 71
Respiration irrégulière : 117
Rhume : 107, 113-114
Rire : 20, 23
Rot : 20, 36, 93, 151-152, 154-156
Rouler : 22
Rythmes de sommeil : 78, 80, 128

S

Sac de bébé : 169-170
Sac de couchage : 76
Sacs à couches : 183
Santé *voir* Maladies ; Température
S'asseoir : 24, 42
Savon : 130
Sécurité
  Bain : 132-133
  Barrière pour escalier : 186
  Bloque-porte : 187
  Cache-prise : 187
  Gazinière : 187
  Jouets : 51
  Médicaments : 108
  Nourrir : 167
  Premiers pas : 25
  Produits chimiques : 22, 187
  Siège auto : 60-63
  Sur la table à langer : 175, 177

Tenir la tête et la nuque des nouveau-nés : 82, 86
Septicémie : 115
Seringue : 189
Sevrage : 161, 163-167
Sexe : 217-218
Siège auto : 56, 60-63
Siège bumbo : 42
Sirop pour enfants : 112, 126, 171, 189
S'occuper de la mère : 225-228, 230
Sommeil
  Bercer votre bébé : 36, 64, 93
  Cauchemars : 234
  Couchage : 74, 76
  Couffin : 47, 74
  Couverture d'emmaillotage : 47, 91
  De 3 à 6 mois : 23, 25, 72, 78
  De 6 à 12 mois : 25, 78
  De la naissance à 3 mois : 20, 70, 77
  Faire ses nuits : 31-32, 72, 78-79, 229
  Limiter les pleurs : 80
  Lit : 48, 50, 74
  Parents, manque de sommeil des : 24, 69-72
  Position du bébé : 77
  Sac de couchage : 76
  Sieste : 23, 25
  Signes de fatigue : 80, 93, 98, 116
  Température de la chambre de bébé : 73-75
  Tenue du bébé : 75
  Train-train : 78, 81, 128, 140, 229
Sourire : 20-22
Soutenir votre compagne : 225-228, 230

Stress : 71
Sur-stimulation : 92
Syndrome de reye : 108
Systèmes de voyage *voir* Poussettes

T

Table à langer : 183
Tâches ménagères : 34, 227-228, 230
Température : 73, 75, 90, 106, 112, 116, 189
Tendre la main : 22, 51
Tenir votre nouveau-né : 82-85
Testament, rédiger un : 201
Tétine : 94-95, 99-101, 171
Toilette : 135
Train-train, mettre en place un : 31-33, 78, 81, 89, 128-129, 140, 229
Transport
   Porte-bébé et écharpe : 54
   Poussettes et systèmes de voyage : 55-60, 63
   Siège auto : 56, 60-63
Transports en commun, prendre : 59
Trousse de premier secours : 188
Types de couches : 181

U

Urgences, service des : 117

V

Veilleuse : 42
Vélo, faire du : 234
Vêtements de bébé : 43-46, 75, 170
Visiteurs : 213-214
Vomi : 114, 116, 156, 192

Z

Zones molles *voir* Fontanelles

11771

Composition
NORD COMPO

*Achevé d'imprimer en Slovaquie
par NOVOPRINT
le 17 avril 2017*

Dépôt légal mai 2017
EAN 9782290130070
OTP L21EDDN000856N001

ÉDITIONS J'AI LU
87, quai Panhard-et-Levassor, 75013 Paris

Diffusion France et étranger : Flammarion